세계의 명시

그 이해와 감상

세계의 명시
그 이해와 감상

전규태 글·그림

차 례

J.W.괴테 / 예술가의 저녁 노래 · 14
영원한 인간성과 보편성 · 16

알프레드 테니슨 / 눈물이 부질없는 눈물이 · 17
사랑의 진정한 의미를 생각하다 · 19

라이너 마리아 릴케 / 사랑이 어떻게 너에게로 왔는가 · 20
운명 같은 사랑을 노래하다 · 22

피에르 드 롱사르 / 마리에게 바치는 소네트 · 23
감수성 풍부한 초기 프랑스 서정시 · 25

윌리엄 워즈워즈 / 외딴 곳에서 · 26
아름다운 여성을 통해 자연을 동경하다 · 28

알퐁스 드 라마르틴 / 나비 · 29
고난 딛고 희망 향해 날다 · 31

빅토르 위고 / 내일은 새벽부터 · 32
　　　　　　　　딸 잃은 아버지의 애절한 부성애 · 34

존 키츠 / 빛나는 별이여 · 35
　　　　　고전적 전설을 통한 철학적 표현 · 37

타고르 / 죽음이 네 문전門前을 찾는 날 · 38
　　　　　나는 어떤 인생을 살아 왔는가 · 40

에밀리 디킨슨 / 내 물줄기는 그대 향해 흐른다 · 41
　　　　　　　　예리한 통찰력과 뛰어난 상상력 · 43

워즈워스 / 무지개 · 44
　　　　　　자연과 인간을 새로운 눈으로 보다 · 46

칼 부세 / 산 너머 저쪽 · 47
　　　　　동경하는 삶 · 49

파블로 네루다 / 마추픽추 산정 1 · 50
　　　　　　　　대자연과 인간의 조화 · 52

윌리엄 블레이크 / 아! 해바라기 · 53
　　　　　　　　　현실에서의 좌절을 극복하고자 하는 열망 · 55

푸시킨 / 안나 케른에게 · 56
  위대한 사랑의 힘 · 58

피에르 드 롱사르 / 늙어가는 것 · 59
  자신의 늙음을 한탄하다 · 61

에드거 앨런 포 / 갈까마귀 · 62
  신비로운 이상세계를 형상화 · 64

셰익스피어 / 사느냐, 죽느냐 · 65
  삶에 대한 간절한 절규 · 67

두보 / 달 · 68
  고즈넉한 가을 달밤의 정취 · 70

하이네 / 늦가을 안개에 서린 꿈 · 71
  사랑이 곧 삶임을 깨닫다 · 73

뮈세 / 시월의 밤 · 74
  실연의 아픔을 다독이다 · 76

고티에 / 랑드의 소나무 · 77
  아픔은 창조의 힘이다 · 79

헤르만 헤세 / 안개 속에서 · 80
　　어둠 속에서 빛을 찾아 · 82

예이츠 / 지혜는 시간과 더불어 온다 · 83
　　한 그루 나무에 비유한 인간의 삶 · 85

네르발 / 환상 · 86
　　초현실주의 선구적 시인 · 88

이브 본느프와 / 미완성이 정상頂上 · 89
　　부정의 형이상학 · 91

엘리너 와일리 / 벨벳 신발 · 92
　　깨지기 쉬운 소녀의 꿈 · 94

프로스트 / 불과 얼음 · 95
　　상대적이고 이원적인 시적 세계 · 97

시트웰 / 나귀 얼굴 · 98
　　형체도 없는 광채뿐인 꿈의 세계 · 100

스티븐 스펜더 / 급행열차 · 101
　　내성적 이미지의 성숙한 시정 · 103

기피우스 / 빛 · 104
　　새로운 세계관을 창조하려는 의지 · 106

보들레르 / 조응 · 107
　　향기와 소리와 색채의 미묘한 조화 · 109

폴 엘뤼아르 / 인연 · 110
　　대상을 직접 마주한 듯한 감각적 이미지, 연인 · 112

폴 발레리 / 석류들 · 113
　　이미지와 상징이 조화된 주지주의 시 · 115

캐스 워커 / 내 아들에게 · 116
　　진한 모성애와 모두 하나되는 세상을 희망 · 118

샌드버그 / 시카고 · 119
　　힘겨운 삶을 거칠고 투박하게 표현 · 121

노발리스 / 당신은 펜, 나는 종이 · 122
　　공덕과 보상의 의미 · 124

엘리어트 / 나는 혼자가 아니다 · 125
　　'행복의 낙원' 향한 동경 · 127

더럴 / 노스탤지어의 바다 · 128
　　이미지의 속성과 작용을 강조 · 130

오든 / 나그네여, 보라 · 131
　　풍부한 이미지와 운율 살린 바다의 찬가 · 133

아폴리네르 / 미라보다리 · 134
　　잃어버린 사랑에 대한 회한 · 136

메이스필드 / 그리운 바다 · 137
　　생생하게 그린 바다의 찬가 · 139

D. 토머스 / 푸른 줄기 속으로 꽃을 모는 힘은 · 140
　　감각적 이미지와 열광적 리듬 · 142

홉킨스 / 장엄 · 143
　　어둠에서 빛으로 나아가는 '장엄함' · 145

로르카 / 어떤 영혼들은 · 146
　　불가사의한 '영혼'과 '창조력' · 148

무어 / 물고기들 · 149
　　역설적인 바다의 생리 · 151

파운드 / 지하철역에서 · 152
　　적확한 시어 찾아 압축의 미 구현 · 154

밥 딜런 / 바람만이 아는 대답 · 156
　　간절한 평화의 메시지 · 158

로르카 / 메아리 · 159
　　함축적이고 감칠맛 나는 시 · 161

라포르그 / 겨울이 온다 · 162
　　파격적이고 이질적인 이미지 · 164

비에른손 / 스스로 구하는 새로운 삶 · 165
　　새해를 맞아 새로운 탄생을 시각적으로 표현 · 167

프로스트 / 눈 내리는 밤 숲가에 멈춰서서 · 168
　　서정적이고 신비로운 여운 담은 시 · 170

앙리 미쇼 / 빙산들 · 171
　　새해를 맞아 새로운 탄생을 시각적으로 표현 · 173

밥 딜런 / 구르는 돌처럼 · 174
　　행복 찾아 떠나는 머나먼 길 · 176

에스키벨 / 말린체 · 177
　　라틴아메리카의 아픈 역사를 시로 표현 · 179

마르셀 베알뤼 / 나무들의 목소리 · 180
　　나무를 위한 판타지 · 182

백거이 / 선경 · 183
　　제악막작중선봉행의 어려움 일깨우다 · 185

토머스 하디 / 어둠 속 지빠귀 · 186
　　봄을 기다리는 행복의 선율 · 189

셰니에 / 종려나무 · 190
　　사막에 솟은 위대한 종려나무 같은 시인 · 192

로렌스 / 피아노 · 193
　　피아노 선율에 실려온 어린 시절 추억 · 195

사베드라 / 변주 · 196
　　틀에 얽매이지 않고 변화를 추구하다 · 198

그르니에 / 윤회 · 199
　　생멸에 대한 깊은 되새김 · 201

자크 프레베르 / 고엽 · 202
　　일상의 언어로 그린 서정 넘치는 묘사 · 204

로세티 / 길 나그네 · 205
　　우주로의 길을 따라 · 207

로버트 헤릭 / 소녀들에게의 충고 · 208
　　후회 없는, 좌절하지 않는 삶 · 210

실로네 / 빛은 어디에 · 211
　　화자의 지각이 바뀌는 상징시 · 213

릴케 / 표범 – 파리의 식물원에서 · 214
　　현실 이상의 현실을 절묘하게 그리다 · 216

베를렌 / 가을 노래 · 217
　　소리와 이미지로 묘사한 가을 정경 · 219

무리 바사 / 산의 만남 · 220
　　육중한 산과의 만남 · 222

가즈오 이시구로 / 새로운 춤사위 · 223
　　늘 신선한 경이로움 · 225

루쉰 / 가을 밤 · **226**
　　가을 밤, 민초의 희망을 노래하다 · **228**

시에라 / 과테말라 소녀 · **229**
　　소녀의 애틋한 사랑이야기 · **231**

존 키츠 / 나이팅게일에게 부치는 노래 · **232**
　　다채로운 시적 체험으로 형상화된 이미지 · **234**

디킨슨 / 내가 만일 애타는 한 가슴을 · **235**
　　감성을 이미지로 표현하다 · **237**

R. 데멜 / 고요로움 · **238**
　　상징성 짙은 재구성의 시풍詩風 · **240**

빅토르 위고 / 해질 무렵 · **241**
　　수채화 같은 필치와 웅혼한 창작력 · **243**

예술가의 저녁 노래

J.W.괴테

오, 예술가의 내면의 창조력이
내 마음을 꿰뚫으며 울려 퍼졌으면
그리하여 넉넉한 예술성의 과실이
내 손가락 사이로부터 솟아올라 왔으면 …

자연이여, 갈구하노라
진실과 사랑으로 그대를 느끼고 싶구나
하나의 해맑고 밝은 샘물
그 다양한 여러 물줄기로 갈라져 내게 작용하리니

그대의 온갖 능력이 내 감각을 거쳐
내 마음 속에서 생기를 얻어
여기 내 스스로의 존재마저도
그대를 통해 무한히 영원히 퍼져나가리니

영원한 인간성과 보편성

끊임없이 자연과 어우러져 동화돼가는 괴테의 시심詩心이 잘 드러난 그의 대표작 가운데 하나다. 이런 시를 감상하다 보면 마음이 한결 밝아지고 명랑해지며 동시에 한층 깊은 차원의 삶의 지혜와 공감을 얻게 된다.

실제로 괴테는 시를 통해 부단히 자신의 내면을 솔직하게 토로하기 때문에 지극히 자연스러운 조화를 보여주고 있다.

괴테의 표현 또한 별로 힘들이지 않고 느낌을 부드럽게 풀어헤치고 있다. 바꿔 말하면 그는 머리로 생각하면서 시를 만들어 내는 것이 아니라 가슴속에서 먼저 시가 움터서 자연스레 묻어나오는 것을 그대로 종이 위에 적어 내려가는 작업이었다. 그 예술성은 이미 그의 본능 속에 내재되어 있었다고 할 수 있다. 가히 '언어의 마술사'라 하겠다.

괴테의 시는 서정성에 그치지 않고 근원적으로 인간의 마음을 순화시키는 신비로운 힘과 그 속에 담긴 고매한 지혜, T.S 엘리어트의 지적처럼 그것은 '영원한 인간성과 보편성'이다.

J. W. 괴테 (Johann Wolfgang von Goethe, 1749~1832)
독일이 자랑하는 세계적인 문호. 유복한 가정에서 태어나 어려서부터 천재성을 발휘했다. 말년에는 시인 실러와 사귀면서 함께 독일 고전주의를 꽃피웠다. 근세 독일 최고의 문인으로 꼽히는 그는 여러 분야에 걸쳐 다채로운 저술을 남겼다. 소설 '젊은 베르테르의 슬픔'과 극시 '파우스트'는 특히 유명하다.

눈물이, 부질없는 눈물이

알프레드 테니슨

눈물이, 부질없는 눈물이, 뜻도 모를 눈물이
그 어떤 성스런 절망의 심연에서 나온 눈물이
가슴에 치밀어 눈에 고이네
복된 가을 벌판 바라다보며
가버린 날들을 추억할 때엔.

저승에서 정다운 이들을 데려오는 돛폭에
반짝거리는 첫 햇살처럼 신선한,
수평선 아래로 사랑하는 이들 전부 싣고 잠기는 돛폭을
붉게 물들이는 마지막 빛살처럼 구슬픈,
그렇게 구슬프고, 그렇게 신선한 가버린 날들.

사랑의 진정한 의미를 생각하다

    이 시는 어느 공주의 사랑이야기를 우회적으로 형상화했다. 이야기는 다음과 같다.

    공주는 이웃 나라 왕자와 어릴 적에 약혼했다. 하지만 그녀는 어릴 적 약속을 깨뜨리고 대학에 들어간다.

    그러나 이를 안 왕자가 친구들과 함께 여자로 변장하고 그녀가 다니는 학교에 들어가지만 곧 발각되어 쫓겨나고 만다. 이에 분노한 왕자는 이 결혼을 이루기 위해 경쟁자에게 결투를 신청한다. 그러나 결투에서 부상을 입고 병원에 입원한다. 공주는 그를 간호하게 되면서 사랑이 싹터 드디어 결혼한다.

    이 시는 여성이 지켜야 할 본분과 사랑의 의미를 강조하고 있으며 자연법칙에 어긋나는 일은 어리석고 헛된 것임을 말하고 있다.

알프레드 테니슨 (Alfred Tennyson, 1809~1892)

    영국의 시인. 1850년 워즈워스의 뒤를 이어 계관시인이 됐으며, 1884년 '남작' 칭호를 받았다. 대표작으로는 아서왕의 전설을 테마로 한 '인 메모리엄' '국왕 목가' '이녹 아든' 등이 유명하다.

사랑이 어떻게 너에게로 왔는가

라이너 마리아 릴케

사랑이 어떻게 너에게로 왔는가
햇살처럼 꽃보라처럼
기도처럼 왔는가

반짝이는 행복이 하늘에서 내려와
날개를 접고
꽃피는 나의 가슴을 크게 차지하고 있음을

운명 같은 사랑을 노래하다

  햇빛이 반짝이며 어깨 위에 내려앉듯 이른 봄날 오후 수많은 꽃잎이 하늘을 덮고 흩날리면서 쏟아지듯 그렇게 사랑은 내려오곤 한다.

  사랑을 느끼면 갑자기 온세상은 하나의 금빛 종이 되어 노래하듯이 울리기 시작한다. 사랑하는 이와의 만남은 긴 여행 끝에 도달한 안온한 평화와도 같은 느낌이라고나 할까. 그동안 불완전한 하나의 날개로 타성에 의해 아무렇게나 치닫다가 다른 날개마저 달고 비로소 비상하는 것 같은 균형을 온몸으로 느끼게 한다.

  사랑은 운명이라고나 할까. 나의 이성理性이 거부할 수 없는 어떤 힘, 나의 강한 이기심으로도 결코 부정할 수 없는 어떤 운명같은 것이기도 하다는 것을 이 시는 생생하게 보여주고 있다. 읽고 또 읽어도 따뜻하고 행복한 느낌을 준다.

라이너 마리아 릴케 (Rainer Maria Rilke, 1875~1926)
  오스트리아 태생 독일의 시인. 프라하 출생. 고독한 소년 시대를 보낸 후 프라하, 뮌헨, 베를린 등의 대학에서 수학했다. 삶의 본질과 사랑, 고독, 죽음의 문제를 깊이 파헤쳐 유럽의 대표적인 시인으로 일컬어진다. 대표작에 '말테의 수기' '두이노의 비가' 등이 있다.

마리에게 바치는 소네트

피에르 드 롱사르

활짝 핀 이 꽃을 다발로 손수 엮어
임에게 이제사 보내오니
이 꽃을, 이 저녁에 따지 않으면
내일이면 땅 위에 떨어지고 말 것을 …

이는 그대에게는 분명한 교훈이오
그대 미모 지금 한창 꽃핀 듯 화려하나
머지 않아 시들어져 떨어지오
홀연히 사라지는 낙화落花와 같이

임이여, 세월은 또 가고 자꾸만 가오
아니, 가는 것은 세월 아닌 우리들 인생
머지 않아 우리들도 북망산 아래 누우리라

우리들이 이야기하는 이 사랑도
우리 사후 말하는 사람 없으리라
그러므로 그대여 다시 아름다운 지금 이내 몸 사랑해 주고지고

감수성 풍부한 초기 프랑스 서정시

갈랑(Galant, 프랑스어로 여성에게 친절한)의 시인으로 알려진 롱사르는 실제로 많은 여성을 사랑하고 주옥같은 헌시를 남겼다.

소네트 형식(14행의 서양시)의 이러한 시는 한결같이 세월의 덧없음, 인생의 허무함, 화무십일홍花無十日紅을 주제로 삼고 있다. 그는 귀천을 가리지 않고 이런 사랑의 시를 바쳤는데, 그는 고귀한 신분의 여성에게 시를 바치는 노래를 부를 때에는 혀가 굳어지지만 평범한 여인에게 노래를 바칠 때에는 시어가 저절로 묻어나온다고 했다.

부제에서 보이는 것처럼 평범한 여성인 마리에게 보낸 이 시는 감수성과 서정성이 풍부하다. 이러한 시풍은 말라르메 등에게 크게 영향을 미치게 되었고 프랑스 현대시를 꽃피우게 했다.

피에르 드 롱사르 (Pierre de Ronsard, 1524~1585)

프랑스의 궁정 시인. 별자리의 이름을 딴, 당대 저명한 시인 집단인 플레이아드파의 지도자로 프랑스어 옹호 운동에 힘썼다. 그는 중세 서정시와 근대의 상징시를 잇는 계승자였고, 시형식의 개혁을 실천했다. 작품에 '연애시집' '엘렌의 소네트' '제일 오드 시집' 등이 있다.

외딴 곳에서

　윌리엄 워즈워즈

도브 강가의 외딴 곳에서
그녀는 살았습니다.
지켜 주는 이도
사랑해 주는 이도 없는 아가씨였지요.

눈길이 닿지 않는 이끼 낀 바위틈에
피어 있는 한 떨기 제비꽃!
샛별이 홀로 빛날 때처럼
그렇게 그녀는 아름다웠지요.

이름 없이 살다가
아무도 모르게 떠나버린 가엾은 그녀
이제 그녀는 고이 잠들었으나
지금의 나에겐 모든 것이 달라졌습니다.

아름다운 여성을 통해 자연을 동경하다

　평온하고 소박한 자연과 이름 없이 외롭게 살다간 한 여성을 이야기하고 있는 시다.

　혼란한 사회에 실망한 워즈워스는 지상의 인류에게는 행복한 일도 없을 것이라고 생각하며 한때 절망에 빠져 있었다. 이러한 절망에서 시인을 구한 것은 순수한자연의 아름다움과 그의 벗 콜리지의 격려였다. 이 시에 나타난 이미지도 그의 심정을 잘 나타내주고 있다.

　이름 없이 살다간 어느 여성의 아름다움을 노래한 이 시는 워즈워스 자신의 자연에 대한 동경과 깊은 내밀內密을 나타내 보이고 있다.

　"모든 훌륭한 시는 강력한 감정의 자연스러운 범람"이라고 말한 그의 지론이 이 시에 표현된 것이다. 그에게 자연에 대한 사랑과 인간에 대한 사랑이 결국엔 같다는 것은 외롭게 살다가 죽은 여성을 통해 극명하게 보여주고 있다.

윌리엄 워즈워스 (William Wordsworth, 1770~1850)
　영국의 시인. 그는 어린 시절 자연 속에서 자라, 후에 전원시를 쓰는 데 많은 영향을 받았다. 1797년 시인 콜리지와 사귀면서 많은 영향을 받았다. 이듬해 두 사람은 공동 시집 '서정가요집'을 발표해 영국 낭만주의의 중심이 됐다. 그는 자연의 미묘한 아름다움을 깊이 관찰하고 사랑과 고요함을 노래해 영국의 낭만주의를 대표했다. 1843년 정부로부터 '계관시인'의 영광이 주어졌다. 작품으로 시집 '서정가요집' '루시의 노래' '서곡' '대륙 여행의 추억' 등이 있다.

나비

알퐁스 드 라마르틴

봄과 더불어 태어나 장미와 함께 죽으며
하늬바람 날개에 실려 푸른 하늘 속을 헤엄치며
겨우 피기 시작한 꽃가슴에 앉아 하늘거린다.
향기와 햇살이 창공에 취하고
아직 젊은 몸에 날개 가루를 흩뿌리면서
한줄기 바람처럼 끝없이 하늘을 난다.
이것이 나비의 매혹적인 운명

이는 결코 쉴 줄 모르고
만사를 스쳐가나 만족됨 없이
결국 쾌락을 좇아 하늘로 되돌아가는 인간의 욕망 같아라.

고난 딛고 희망 향해 날다

　라마르틴의 시는 대체로 인생에 대한 고독감이나 비애, 허무 등으로 표현되어 있다. 이 시는 매우 객관적인 묘사와 그의 시에서는 드물게, 매우 관능적인 색채를 띠고 있다. 이 시는 언뜻 보면 낭만적인 롱사르의 시를 연상케 한다.
　그러나 시인은 이 시의 마지막 부분에서 나비와 인간의 욕망을 비교하는 기법을 교묘히 구사하고 있다. 푸른 하늘을 마치 헤엄치듯 이 꽃에서 저 꽃으로 자유롭게 날아다니는 나비에 대한 묘사는 우아하고 아름답기까지 하다.
　샘솟듯 흘러나오는 거침없고도 우아한 감정의 토로, 자연을 늘 가까이하며 지난 날을 회상하고, 현실에 대한 실망감을 보이며 체념하지만 앞날에 대한 희망으로 마무리 짓는 솜씨는 탁월하다.

알퐁스 드 라마르틴 (Alphonse de Lamartine, 1790~1868)
　프랑스 낭만파 시인. 1820년 처녀시집 '명상 시집'을 발표하여 새로운 낭만적 색조와 진실한 감정표현으로 대단한 성공을 거두었다. 이후 아카데미 프랑세즈 회원이 되었다.
　이 시집의 발표는 프랑스 시의 역사상 한 시기를 긋는 중대한 사건이며 이후 낭만파 시인들이 그를 스승으로 모셨다.

내일은 새벽부터

빅토르 위고

내일은 새벽부터 들녘이 밝아오면
난 떠날 것이다. 나는 안다. 네가 기다린다는 것을
나는 가련다. 숲을 지나 산을 넘어
더 이상 너와 떨어져 있을 수 없구나

난 걸을 테다, 나는 오로지 한 가지 생각에 골몰해
눈에 보이는 것, 귀에 들리는 것 아무것도 없다
홀로 낯선 나그네 굽은 등에 팔짱을 끼고
슬픈 나에겐 대낮도 밤과 같다

나는 저무는 저녁의 황금 빛 노을도
저 멀리 아르플레르 항구로 돌아오는 돛단배조차도 보지 않을 것이다.
다만 너 있는 곳에 다다르면 네 무덤 위에
푸른 호랑가시나무와 꽃핀 히스 다발을 놓으리라

딸 잃은 아버지의 애절한 부성애

　아버지가 딸에 대한 사랑과 슬픔을 감동적으로 표현한 시다.
　1843년 당시 신혼이던 열아홉 살 맏딸 레오폴딘 부부는 1843년 센 강 하류에서 보트 전복 사고로 사망했다. 사랑하는 맏딸의 갑작스런 죽음은 위고에게 엄청난 슬픔과 충격을 주었다. 그는 실어증에 걸려 1년 남짓 말을 하지 못할 정도였다.
　딸이 세상을 떠난 지 4년만에 딸의 무덤을 찾았다. 무덤을 찾은 위고는 아직 딸이 이 세상에 살아 있는 듯 느낀다. 그래서 시인은 딸에게 다정하게 말을 건넸고 딸도 기다렸다는 듯이 다소곳이 마중한다.
　아버지는 딸의 무덤 위에 아름다운 꽃다발이 아닌 가시나무와 투박한 히스 다발을 놓는다. 온갖 아름다운 것, 소중한 것들에 흥미를 잃어버린 아버지의 허무감과 애절함이 물씬 느껴지는 부분이다. 손수 꺾어 만든 앙상한 나뭇가지 다발은 끝없는 아버지의 사랑을 보여주는 것이리라.
　이 시는 프랑스 화가 밀레의 '씨 뿌리는 사람'을 보는 것같다. 실제로도 이 그림을 통해 시상詩想을 얻었다는 설도 있다.

빅토르 위고 (Victor Hugo, 1802~ 1885)

　프랑스의 시인이자 극작가, 소설가.
　프랑스 낭만파 작가 가운데 가장 중요한 인물로 만년에는 저명한 정치가, 정치적 저술가로 활동했다. 장편소설로 '노트르담의 꼽추' '레 미제라블'이 있다. 그의 작품에 일관된 것은 인류가 한없이 진보할 것이라는 낙관적 신뢰와 이상주의적 사회 건설을 향한 불같은 정열이다. 작가 앙드레 지드에게 누가 가장 위대한 프랑스 작가인가'라는 질문에 '빅토르 위고'라고 말한 일화가 있다.

빛나는 별이여

존 키츠

빛나는 별이여, 내가 그대처럼 한결같다면
아니, 밤하늘 높이 외로운 광채 속에,
마치 자연의 참을성 많고 잠 없는 은자처럼
눈꺼풀을 영원히 뜨고
지상의 인간 해안 주변을 깨끗이 씻는
성자같이 일하는 물결의 흐름을 지켜보거나,
산과 들판에 새로이 부드러이 내린 눈 가면을
가만히 응시하는 것이 아니라,
아니, 다만 여전히 한결같이, 여전히 변함없이,
내 아름다운 연인의 무르익는 가슴을 베개 삼아 누워
그 부드러운 오르내림을 영원히 느끼며
달콤한 불안에 영원히 깨어 있으면서,
영원히 그녀의 부드러운 숨소리에 영원히 귀 기울이며,
그렇게 영원히 살고 싶어라, 그게 아니면 서서히 죽음으로 사라져라.

고전적 전설을 통한 철학적 표현

　그의 마지막 소네트(14행으로 된 서정시)로 알려진 이 작품은 매우 강렬한 분위기를 자아낸다. 이 시는 그가 폐병 치료를 위해 이탈리아로 가기로 결정한 뒤 이제 두 번 다시 볼 수 없을지도 모르는 연인 패니 브론을 생각하며 지은 작품이다.
　홀로 배 위에서 밤 하늘에 맑게 빛나는 별을 바라보며 자신의 간절한 심정을 우주의 아름다움에 대한 사랑과 슬픔에 대비해 표현하고 있다.
　별과 달은 늘 한결같이, 늘 변함없이 빛나며 영원함을 지니고 있지만 자신은 이미 병들어 사랑하는 사람과 조국을 떠나 언제 죽을지 모른다는 슬픔을 나타내고 있다.
　그의 현란하고 독특하기 이를데 없는 시풍은 요절한 천재 시인의 이 한 편의 시로도 충분히 엿볼 수 있다.

존 키츠 (John Keats, 1795~1821)
　영국의 낭만주의 시인. 소년기 스펜서의 영향을 받아 영국 시의 운율과 기법, 아름다운 이미지 등의 영향을 받아 자연, 예술, 인간의 아름다움을 추구했다. 짧은 생애 동안 생생한 이미지, 뛰어난 감각적 매력, 고전적 전설을 통한 철학적 표현을 담은 시를 썼다. 26세의 나이로 이탈리아 로마에서 폐결핵으로 요양 중 죽었다.

죽음이 네 문전門前을 찾는 날

타고르

죽음이 네 문전을 두드리는 날
너는 무엇을 내보일 수 있겠는가
오오 나는 내 생명 가득 찬 잔을
그 손님에게 드리리라
결코 빈 손으로 돌아가게 하지는 않으리니
내 모든 가을 날과
여름 밤의 달디단 포도의 수확을
분주한 내 생애의 모든 수확과 낙수를
나는 죽음 앞에 내놓겠나니
내 생애가 끝나고
죽음이 내 문전을 찾아오는 날에는.

타고르

나는 어떤 인생을 살아 왔는가

노벨문학상을 수상한 인도의 시성詩聖 타고르의 시집 '기탄잘리' 가운데 일부이다. 이 시를 읽으면 누구나 '나는 과연 충실하게 인생을 살아 왔는가'를 생각하며 나의 인생을 돌이켜 보게 될 것이다.

사람은 너 나 할 것 없이 바쁘게 쫓기듯 살아간다. 남의 눈, 남의 기준, 남의 행위와 방법 등을 좇으며, 하루하루 허둥대며 살고 있다.

수많은 상처, 수많은 고통 속에서 내가, 또는 나를 지키기 위해서 온갖 힘을 기울였던 것은 과연 무엇이었던가를 생각해 보게 한다.

이 '한 잔'에 온갖 슬픔과 그리움 그리고 믿음을 가득 담아서 '생의 마지막 날'에 자신 있게 내놓을 것이 있다면 그의 인생은 행복했다고 할 수 있을 것이다.

타고르 (1861~1941)

인도의 시인, 사상가, 교육자. 벵골 지방 출신.
인도 문학의 정수를 서양에 소개하고 서양 문학의 정수를 인도에 소개하는 데 지대한 공헌을 했다. 1913년 '기탄잘리'로 아시아에서 처음으로 노벨문학상을 수상했다. '기탄잘리'는 만해 한용운의 '님의 침묵'에도 영향을 미쳤다.

내 물줄기는 그대 향해 흐른다

에밀리 디킨슨

이내 물줄기는
이제 그대 향해 흐르고 있다
짙푸른 바다에
그대 나를 맞이해 주겠는가?
나의 물줄기는 응답을 기다린다
오오, 망망대해여, 아름답게 보이는구나!
나는 그대에게 숱한 개울을 이어줄 것이다
얼룩진 계곡, 그 방방곡곡으로부터
말하라 바다여, 나를 받아 들여라

예리한 통찰력과 뛰어난 상상력

　에밀리 디킨슨은 미국 신시新詩 개척기에 크게 공헌한 북부의 여류 시인이다. 뉴잉글랜드 전통적인 명문가에서 태어난 그녀는 매우 보수적인 환경에서 자랐다. 이같은 환경에서 디킨슨의 시 세계가 형성되기 시작했지만 그녀는 오히려 전통에 반발하는 시를 주로 썼다.
　특히 두 번이나 실연을 경험한 후 평생을 독신으로 전원에 칩거해서 마치 수도자와도 같은 삶을 살며 1700여 편이 넘는 시를 남겼다.
　얼핏 평이해 보이는 이 시는 창의성이 풍부하고 자연과 삶에 대한 통찰력이 예리하며 상상력이 남다르다는 평가를 받기도 했다.
　그녀의 시 세계는 정서적으로는 가정과 깊은 유대를 맺고 있었지만, 사상적으로는 청교도 정신에 동조하지 않았고 인간성 회복을 줄곧 주장하고 있다. 하지만 에머슨이나 휘트먼처럼 낙천적이지도 않았으며, 낭만주의에도 회의를 품고, 섬세한 감수성으로 사랑과 인간의 존재의미를 찾으려고 노력했다. 이러한 주제를 전개하는 데 있어 표현한 스타일과 이미지 등은 미국 시의 새로운 세계를 개척하는 데 큰 공헌을 했다.

에밀리 디킨슨 (Emily Dickinson, 1830~1886)
　미국 메사추세츠 출신. 주로 사랑, 죽음, 이별, 영혼, 천국 등을 소재로 한 명상시가 대부분이다. 미국에서 가장 천재적인 시인들 중 한 명으로 자주 꼽힌다. 그녀의 시는 당시의 다른 시들과는 많이 달라 생전에는 대중에게 인정받지 못했다. 그녀의 시가 유명해진 것은 사후 여동생이 그녀의 시를 모아 시집을 낸 후의 일이다.

무지개

워즈워스

하늘의 무지개를 바라보면
내 가슴 뛰네
어린 시절에도 그러했고
어른이 된 지금도 그러하니
늙어서도 그러하기를
아니면 차라리 죽게 해다오
어린이는 어른의 아버지
바라건데 나의 나날들이
자연에 대한 경애로 묶여 있기를

자연과 인간을 새로운 눈으로 보다

　스코틀랜드 북부 숲이 우거진 호숫가에서 태어난 워즈워스는 그곳에서 어린 시절을 보냈다. 대자연에서 보낸 유년 시절은 그의 시에 커다란 영향을 미쳤다.
　시를 철학 그 자체라고 생각한 그는 궁극적 진리로 시를 이끌기 위해 상상과 직관으로 시를 지었다. 또 자연과 인간을 새로운 시각으로 관찰하여 그 이미지를 새롭게 창조하는 작업으로 일관했다.
　'어린이는 어른의 아버지'라는 명언을 남긴 이 시의 원래 제목은 '내 가슴이 뛴다My heart leaps up'이다. 가장 순수한 시는 단순한 말과 일상 용어로 쉽게 씌어진다고 증명하는 듯하다. 어려운 단어로 시를 쓰려고만 하는 현대 시인에게 좋은 본보기가 된다.
　무지개를 볼 때마다 느끼는 감동은 성년의 시인을 어린 시절로 이어주는 매개체로 감동을 배가시키며, 자연에 대한 경건함을 느끼게 한다.

워즈워스 (William Wordsworth, 1770~1850)
영국의 낭만주의 시인. 1843~1850년 계관시인을 지냈다. 테일러 콜리지와 공저한 '서정 민요집'(1798)은 영국 낭만주의 운동의 시발점이 되었다.

산 너머 저쪽

칼 부세

산 너머 하늘 저 멀리
행복이 깃들어 있다고
누구나 사람들은 말하지만
아! 스스로 찾아갔던 길에서
눈물지으며 돌아오도다.
산 저쪽 더욱더 멀리
행복이 깃들어 있다고 사람들은 말하네.

동경하는 삶

  동경이란 본래 아득히 먼 것, 도저히 손에 닿지 않는 것을 바라거나 또는 그것이 되고 싶은 것을
  말한다. 이것은 무지개를 좇는 것이라고나 할까. 자연과학의 관점에서 보는 무지개를 설명하는 사람과 아름다운 일곱 빛깔을 좇는 소년 가운데 누가 더 행복해 보일까.
  우리는 간절한 상황에서 무엇인가를 동경하게 된다.
  동경하는 마음을 잃어버린 사람에게는 삶의 피로감만 쌓일 것이다. 소박한 동경은 이러한 피로감을 씻어줄 것이다. 그렇기에 꿈과 동경을 간직한다는 것은 아름다운 일임에 틀림없다.
  행복은 멀리 있는 것이 아니다. 무엇인가를 동경하고 그것을 위해 노력하면 희망이 솟는다. 이 시는 그것을 잘 말해 준다.

칼 부세 (Carl Hermann Busse, 1872~1918)
독일 시인. 그의 시는 신선하고 발랄하다는 평을 받는다. 이 시는 그를 유명하게 만들었다.

마추픽추 산정 1

파블로 네루다

허공에서 허공으로, 텅 빈 그물처럼,
나는 오갔다. 가을의 문턱에서
동전처럼 펼쳐진 나뭇잎들이 이리저리 쓸려 다니는
거리와 대기 사이로, 봄과 이삭들 사이로,
그것은 떨어지는 장갑 속인 양 크나큰 사랑이
길쭉한 달처럼 우리에게 건네주는 것

바이올린 틈에서 날 기다렸던 누군가가
목 쉰 유황색의 모든 나뭇잎들
맨 밑에 나선을 가라앉힌
땅에 묻힌 탑 같은 세계를 찾아냈다
더 아래 황금 지형 속에
별똥별에 둘러싸인 칼처럼
난 거칠고도 달콤한 손을 찔러 넣었다
가장 깊숙한 지구의 생식기 속으로

나는 깊은 파도 사이에 이마를 묻고,
물방울처럼 유황빛 평화 사이로 내려갔다
그리고 눈먼 사람처럼 닳은 인간의 봄의
재스민에게로 돌아왔다

대자연과 인간의 조화

　고대 잉카문명의 유적인 '공중 도시' 마추픽추의 장엄한 아름다움과 의미를 함축적으로 표현했다. 이 시는 대자연과 인간의 조화를 표현하고 있으며 시인은 나그네의 '고독'을 선명하게 표현하고 있다. 이 시는 마추픽추라는 신비로운 잉카 고대 유적을 자아와 외부세계 사이의 넘기 힘든 심연深淵이 있다고 보며, 인간의 끝없는 고뇌의 근원은 현실의 본질적인 오류와 모순 그리고 인간 자신에게서 비롯된다는 것을 은유적으로 표현하고 있다.

파블로 네루다 (Pablo Neruda, 1904~1973)
　칠레의 시인, 정치가. 20세기 중남미를 대표하는 사실주의 시인. 1971년 노벨 문학상을 받았다. 주요 시집으로는 '위대한 노래' '모든 이를 위한 노래' 등이 있다.

아! 해바라기

월리엄 블레이크

아 해바라기여! 시간에 지쳐
태양의 발자국을 헤아리고 있네
나그네의 여로가 끝나는 곳
그 달콤한 황금의 땅을 그리며

욕망으로 소진된 청년이
눈[雪]빛 수의를 입은 창백한 처녀가
그들의 무덤으로부터 일어나 갈망하는 곳
바로 내 해바라기가 가길 소망하는 곳

현실에서의 좌절을 극복하고자 하는 열망

　한 송이 해바라기 꽃에서 영원을 향하는 마음을 향해가는 놀라운 작품이다. 해바라기는 해를 향해 피는 꽃이며 해가 지면 시드는 꽃으로 시간에 지칠 수밖에 없어 해가 지면 황금의 땅golden clime을 찾아 나서는 수밖에 없다.

　둘째 연의 1, 2행은 블레이크가 늘 말하던 경험 세계에서의 좌절을 의미한다. 해바라기가 황금의 땅을 찾아가는 것이나 그들이 무덤에서 일어나, 즉 현실의 좌절로부터 일어나 어디론가 열망하는 곳으로 가려고 하는 영원의 세계를 보여준다.

　이 시에서 눈의 이미지는 '차가운 이성'을 뜻하며, 이것은 블레이크 시 세계에 있어 보편적인 이미지로 비인간적인 것을 상징한다.

윌리엄 블레이크 (William Blake, 1757~1827)

　영국의 시인 겸 화가. 신비로운 체험을 시로 표현했다. 작품에는 '천국과 지옥의 결혼' 등이 있다.

　화가로서 단테의 시와 구약성서의 '욥기' 등을 위한 삽화를 남김으로써 '시화무이'詩畵無異의 경지를 보여준 대예술가다.

안나 케른에게

푸시킨

기적의 순간을 기억합니다
당신은 나의 앞에 나타났습니다
순간적인 환상처럼
순결한 미의 화신처럼
내가 희망 없는 우울 속에서
시끄러운 공허의 불안 속에서 허덕일 때
당신의 상냥한 음성은 오래 내 맘에 울려왔고
나는 당신의 정다운 모습을 꿈꾸었습니다
세월은 흘렀습니다 폭풍의 미친 듯한 격정이
옛날의 공상들을 휩쓸어갔고
나는 당신의 상냥한 음성을 잊어버렸습니다
당신의 천사 같은 모습까지도

어느 벽지 유배의 어둠 속에서
나의 날들은 소리 없이 흘러가버렸습니다
감격도 영감도 없이
눈물도 생기도 사랑도 없이

내 영혼이 잠을 깨서
또다시 당신은 나의 앞에 나타났습니다
순간적인 환상처럼
순결한 미의 화신처럼
내 가슴은 환희로 물결치고
가슴속엔 다시
감격 영감 그리고
생기와 눈물과
사랑이 되살아났습니다

위대한 사랑의 힘

  이 시를 읽으면 무엇인가 가슴이 뻥 뚫리고 뿌듯하면서 뜨거워지는 듯한 느낌이 든다.
  사람에게 있어 허전한 마음을 가득 채워줄 사랑에 불탄다는 것이 얼마나 소중하고 존귀한 것인가를 새삼스럽게 느끼게 한다.
  이 시는 푸시킨이 26세 때 쓴 시로 실제 존재했던 한 여인에 대한 시다. 젊은 날, 자신의 모든 것을 쏟아부을 수 있을만큼 사랑할 수 있다는 것은 소중하고 행복한 일임에 틀림없다. 사랑을 하지 않았을 때 사람들의 마음은 허전하고 황량하다.
  안나 케른으로 인해 한때 우울증에 걸렸던 푸시킨은 전혀 떠오르지 않았던 영감이 샘물처럼 솟아나고 꺼져가던 생명력을 다시 불태우며 '러시아 근대시의 아버지'로 추앙 받는 대시인이 됐다.

푸시킨 (Aleksandr S. Pushkin, 1799~1837)
  러시아에서 가장 위대한 시인으로 꼽히며 근대 러시아 문학의 창시자로 일컫는다. 대표작으로는 '루슬란과 류드밀라' '예브게니 오네긴' '삶이 그대를 속일지라도' '대위의 딸' 등이 있다.

늙어가는 것

피에르 드 롱사르

그대 늙어 어느 저녁날 난로 옆
촛불 아래에 앉아 실을 감고 풀고 할 때가 되면
그대는 나의 시를 감동스럽게 읽으면서 말하게 될 것이다
롱사르가 아름다웠던 시절의 나를 찬양하곤 했노라고

그러면 그대의 하녀들은
일거리에 지쳐 반쯤 졸면서도
롱사르라는 이름에 잠에서 깨어나
그대 이름을 영원히 칭송할 터이지만

나는 형체 없는 유령이 되어
땅 밑 도금양桃金孃 숲속에 자리를 마련하게 될 것이다
그리고 그대는 아궁이에 쭈그린 노인네가 되어 있을 것이다

내 사랑과 그대의 잔인했던 경멸을 후회하면서
그러니 이제 내 말을 들으시오 내일을 기다리지 마시오
지금 당장 인생의 장미를 꺾으시오

자신의 늙음을 한탄하다

당시 많은 여성에게 친절했던 롱사르는 수많은 연애시를 남겼다. 그의 시는 주로 소네트(Sonnet, 유럽에서 유행한 14행의 정형시) 형식으로 되어 있다. 가는 세월의 덧없음, 인생의 허무, 지지 않는 꽃은 없다며 젊고 아름다운 시절을 소중히 하며 인생을 즐겁게 살라고 말한다.

'늙어가는 것Vieillsse'이라는 원래 제목에 '엘렌에게 바치는 소네트'라는 부제가 붙은 이 시는 프랑스 근대 시들 가운데서도 널리 애송된 것으로 유명하다. 헌시의 대상인 '엘렌'은 왕후의 시녀로서 미모와 재덕을 갖춘 부인이었다. 왕후는 롱사르를 불러 남편을 잃고 슬퍼하는 젊은 엘렌을 위로해 주라고 부탁해 가까워져 사랑에 빠지게 되었는데 나이 많은 그의 사랑이 받아들여지지 않자 이 시를 지어 한탄하였다.

피에르 드 롱사르 (Pierre de Ronsard, 1524~1585)
프랑스의 궁정 시인. 별자리의 이름을 딴, 당대 저명한 시인 집단인 플레이아드파의 지도자로 프랑스어 옹호 운동에 힘썼다. 그는 중세 서정시와 근대의 상징시를 잇는 계승자였고, 시형식의 개혁을 실천했다. 작품 '연애시집' '엘렌의 소네트' '제일 오드 시집' 등이 있다.

갈까마귀

에드거 앨런 포

언젠가 황량한 한밤중에 내가 피곤에 지쳐 잊힌 전설의
기묘하고 신기한 많은 이야기책을 생각하다가 선잠이 들어
고개를 꾸벅거리고 있을 때 갑자기 문 두드리는 소리가 들려
왔다네
(중략)

방의 문설주 위 흉상 위에 앉은 새인지 짐승인지 모를
"진짜 끝"이라는 그런 이름을 가진 것에게
(중략)

"그 한마디를 우리의 작별 인사로 삼거라, 새인지 악마인지
하는 것이여!"
나는 벌떡 일어나 소리쳤다네 "폭풍 속으로, 밤의 지옥의 해
변으로 돌아가!
그대의 영혼이 말하는 그 거짓을 상징하는 검은 깃털을 하나
도 남기지 말고!

나의 고독을 깨뜨리지 말고! 내 문설주 위의 반신상을 떠나버려!
내 심장을 쪼던 부리도 가져가고 내 문에서 그대의 모습도 가져가 버려!"

그러자 갈까마귀가 응답했다네 "진짜 끝."

신비로운 이상세계를 형상화

　이 시는 젊은 나이에 죽은 아내의 흉상과 흉조인 갈까마귀를 절묘하게 연결해 그의 시의 특성을 잘 표현하고 있다. 원래 이 시는 장편으로 쓰였으나 여기서는 일부만 소개한다. 이 시는 음악적 리듬의 효과와 시각적인 색조가 잘 어우러져 시의 새로운 효과를 잘 나타낸 작품으로 포의 대표작으로 꼽힌다.

　'진짜 끝nevermore'을 외치는 갈까마귀의 상징성은 일차적으로는 '불길'한 것으로 보이지만 이 시에서는 암흑의 이미지와 신비스러움으로 부각된다. 즉 상징의 단순함에서 점차 복합적으로 다양하게 전개되고 있는 것이다. 포의 상징 수법은 복합적인 암시성을 그 특색으로 하고 있으며 그가 내세우는 미는 시 자체에도 잘 표현돼 있다. 이 시는 어떤 도덕률이나 교훈을 주기 위한 것이 아니라 애수와 신비로움이 깃든 아름다움을 창조하며 이상세계를 형상화하고 있다. 또한 정서적인 것과 이상적인 것의 양면을 동시에 가지고 있어 이 시는 탁월하다 할 수 있다.

에드거 앨런 포 (Edgar Allan Poe, 1809~1849)
미국의 시인이자, 단편 소설가. 미국 낭만주의 문학을 대표하는 인물 가운데 하나다. 그는 추리소설과 시로 유명하며, 미국에서 단편 소설의 개척자이자, 추리소설의 선구자이기도 하다. 대표작으로 단편소설 '어셔가의 몰락' '검은 고양이' 시 '갈까마귀' '애너벨 리' 등이 있다.

사느냐, 죽느냐

셰익스피어

사느냐 죽느냐, 그것이 문제로다.
가혹한 운명의 돌팔매와 화살을
마음속으로 참아내는 것이 더 고귀한가?
아니면 고뇌의 바다에 대항하여 무기를 들고
맞서싸워 없애버리는 것이 더 고귀한가?
죽는 것은 잠드는 것. 오직 그뿐.
육체이기 때문에 피할 수 없는 비탄과
천만 가지 괴로움을 잠으로써 끝낼 수 있다면,
그것이야말로 열렬히 희구할 종말이 아닌가!
죽는 것은 자는 것.
잠들면 어쩌면 꿈을 꾸겠지?
그렇다. 바로 거기에 문제가 있다.
이 지루한 인생의 고난을 벗어 던진 후
그 죽음의 잠 속에 무슨 꿈이 생길지,
그래서 망설이게 되는 것이다. 바로 그 때문에
오래 살아야 한다는 불행이 존재하는 것이다.

삶에 대한 간절한 절규

이 시는 셰익스피어의 4대 비극 가운데 하나인 '햄릿'에 나오는 독백체의 대사다. 이 시 첫 구절 '사느냐 죽느냐, 그것이 문제로다 To be or not to be, that is the question'는 지금까지 많은 이들의 입에 오르내리고 있는 명문名文이다.

또 다른 구절인 '그 죽음의 잠 속에 무슨 꿈이 생길지, 그래서 망설이게 되는 것이다'는 극 중의 주인공 햄릿이 얼마나 철학적인 명상가인가를 잘 보여주고 있다.

셰익스피어는 햄릿이라는 캐릭터를 창조하면서 자신과 비슷하면서도 역설적으로 자신과 완전히 분리해 별개의 캐릭터로 만들었다.

셰익스피어 (1564~1616, William Shakespeare)
영국이 낳은 세계 최고 극작가, 시인으로서 희·비극을 포함한 38편의 희곡과 여러 권의 시집 및 소네트집이 있다.

달

두보

四更山吐月(사경산토월)
殘夜水明樓(잔야수명누)
塵匣元開鏡(진합원개경)
風簾自上鉤(풍렴자상구)
兎應疑鶴髮(토응의학발)
蟾亦戀貂衣(담역연소의)
斟酌姮娥寡(사작항아과)
天寒奈九秋(천한내구추)

사경쯤에 산이 달을 토하여
남은 밤에 물은 누각을 비춘다
먼지 묻은 상자에서 본디 거울을 꺼낸 듯하고
바람 부는 발이 절로 갈고리에 걸린 듯하다
토끼는 제 머리 학처럼 희다 의심하고
달빛 또한 담비털처럼 따숩고 풍성함을 생각나게 한다
항아는 어쩌면 의지할 곳이 없을텐데…
찬 기운이 쓸쓸한 이 가을 어찌 보낼는지

고즈넉한 가을 달밤의 정취

깊은 밤(사경, 새벽 1시~3시) 아름다운 달의 이미지를 형상화한 작품이다. 달을 소재로 쓴 이태백의 시처럼 자유분방한 낭만은 없지만 무척 고즈넉하고 정밀(靜謐, 고요하고 편안함)한 그믐달이 걸린 가을 밤의 정취를 한껏 느낄 수 있다.

두보는 달에 대한 항아의 설화를 절묘하게 배치하면서 불우한 인간들의 마음속 깊이 자리한 정한(情恨)을 짧은 오언율시에 잘 담아놓았다. 두율(杜律, 두보의 시) 중에서도 빼어난 명작이다.

두보 (杜甫, 712~770)

중국 최고의 시인으로 시성詩聖이라 불렸던 당나라 시인. 널리 인간의 심리, 자연의 사실 가운데 그때까지 발견하지 못했던 새로운 감동을 찾아내어 시를 지었다. 주요 작품에는 '북정' '추흥' 등이 있고 시문집으로는 '두공부집杜工部集'이 있다.

늦가을 안개에 서린 꿈

하이네

늦가을 안개에 서린 희미한 꿈
안개 자욱한 산과 골짜기
거친 바람은 낙엽을 흩날리고
나무들은 발가벗긴 유령 같구나.

오로지 한 나무만이 슬픈 우수에 잠겨 말없이
나뭇잎을 지닌 채 홀로 서서
슬픔으로 눈물에 젖은 듯
푸른 머리를 흔들며 떨고 있구나.

아, 황야같은 내 마음
그리고 그곳에 서 있는
영원히 푸른 나무는 당신의 모습
나의 사랑, 아름다운 그대여!

사랑이 곧 삶임을 깨닫다

　젊은 날, 첫사랑이 실연으로 끝나자, 하이네는 이것을 이겨내기 위해 변호사를 목표로 본Bonn 대학으로 떠난다. 본으로 가는 길목에서 허허로운 가을 산의 나무를 보며 그리움을 노래한 시다.
　하이네는 실연을 당한 후에도 끊임없이 사랑을 갈구하고 많은 연가戀歌를 지어 '노래 책Buch der Lieder'으로 엮어 유명해졌다.
　그는 실연을 거듭하며 그 아픔을 통해 차츰 진실한 사랑에 눈뜨게 되고 사랑이 곧 삶임을 깨달으면서 비탄에 젖은 아픔과 그러면서도 가슴속 깊이 파고드는 희열의 음률을 계속 노래하며 많은 독자들의 심금을 울렸다.

하이네 (Heinrich Heine, 1797~1856)
　유대인 부모를 둔 그는 대학에서 법률을 전공했지만 시, 문학, 역사공부에 몰두하여 대학원 졸업 후 진로를 문학으로 전환했다. 그의 시는 낭만적이면서도 풍자와 냉소, 급진적인 면이 있고 현실 참여적 성격을 보인다. 대표적 시집으로 '노래 책' 등이 있다.

시월의 밤

뮈세

시인이여, 그만하세요. 당신을 배반한 여인에 대한
당신의 환상이 단 하루밖에는 지속되지 않았다 하더라도
그녀에 대해 이야기할 때 그날을 모욕하지 마세요.
사랑받기 원한다면 당신의 사랑을 존중하세요.
타인으로부터 받은 고통을 용서한다는 것이
연약한 인간에게는 너무도 힘든 일이라면
적어도 미워하는 괴로움만은 피하세요.
(중략)
인간은 초심자이고 고통은 그 스승이에요.
고통을 겪지 않고는 아무도 자기자신을 알 수 없답니다.
우리가 불행의 세례를 받아야만 하며,
이 슬픈 대가를 치르고야 모든 것이 이루어진다는 사실은
세상이나 운명과 같이 오랜된
가혹하지만 최고의 법칙이에요.
곡식이 익으려면 이슬이 필요하듯,
인간이 살고 느끼려면 눈물이 필요해요.

뮈세 75

실연의 아픔을 다독이다

　이 시는 뮈세의 '밤' 연작시 '오월의 밤' '십이월의 밤' '팔월의 밤' 이후 마지막 네번째에 나오는 '시월의 밤' 중 일부이다. 이 '밤'의 연작시는 극시劇詩의 형식으로 돼 있다. 이 시는 시인과 뮤즈Muse 와의 대화로 이루어졌다. 이 시는 사랑하는 사람과 헤어진 괴로움을 뮤즈와의 대화로 치유하는 과정을 담고 있다. 소개된 내용은 뮤즈가 시인에게 실연의 아픔을 다독이며 위로하는 부분이다.
　실제로 뮈세는 작가 조르주 상드를 만나 사랑했지만 채 2년도 되지 않아 그 사랑은 파경을 맞았다. 그는 실연 후 '밤'의 연작시를 썼다.

뮈세 (Alfred de Musset, 1810~1857)
프랑스의 시인, 소설가, 극작가. 20세에 시집 '에스파냐와 이탈리아 이야기'로 문단에 데뷔했다. 자유 분방한 상상력과 섬세한 감수성으로, 항상 신선하고 솔직하게 사랑을 노래한 뮈세는 낭만파 시인 가운데 가장 시인다운 시인이라 일컬어진다.

랑드의 소나무

고티에

흰 모래로 뒤덮인 진정 '프랑스의 사하라'라고 할
랑드의 광야를 지날 때 보이는 나무라곤
메마른 풀숲과 초록색 웅덩이에 솟아나는
옆구리에 상처입은 소나무들뿐.
이는 소나무의 눈물, 송진을 훔치기 위해
자기가 살해한 자의 희생으로만 사는
인간이라는 욕심 많은 창조물의 사형 집행인이
나무의 아파하는 몸통에 넓은 흠을 파놓기 때문.
뚝뚝 떨어지는 핏방울을 아쉬워함도 없이
소나무는 향유와 끓는 수액을 흘린다.
그러면서도 길가에 시종 꿋꿋이 서 있다.
서서 죽기를 원하는 부상병같이.
시인도 인간의 광야에서는 이 나무와 같아
상처가 없을 때엔 자기의 보화를 심중에 간직하나
일단 그의 노래, 성스러운 황금 눈물을 뿌리기 위해서는
그의 가슴 속에 깊은 상처를 가져야 한다.

아픔은 창조의 힘이다

 고티에는 '탐미주의-예술을 위한 예술'의 주창자로 감정의 시에서 벗어나 지적이며 냉철한 초기 고답파高踏派 시인답게 인간의 욕심에 의해 죄 없이 살해되는 소나무들이 석양을 향해 손을 벌리면서 그 부당함을 외치는 모습을 지적인 비유로 노래하고 있다.
 상처 받은 소나무는 고통 가운데에서만 역경 속의 보람을 느낄 수 있다고 하는 시인 특유의 상징성을 잘 보여준다. '가장 절망적인 노래가 가장 아름다운 노래, 수많은 불멸의 시가 순수한 오열'임을 이야기한 뮈세와 일맥상통하는 작품이다.

고티에 (Théophile Gautier, 1811~1872)
 프랑스 문학의 감수성이 초기 낭만주의 시대에서 19세기말의 탐미주의와 자연주의로 바뀌던 시절에 강력한 영향력을 발휘했다. 화가가 되려 했던 그는 미술에도 조예가 깊어 회화적인 시를 많이 남겼다.

안개 속에서

헤르만 헤세

안개 속을 거닐면 참으로 이상하다
덤불과 돌은 모두 외롭고
수목들도 서로가 보이지 않는다
모두가 다 혼자이다.

나의 생활이 아직도 밝던 때엔
세상은 친구로 가득했다
그러나 지금 안개가 내리니
누구 한 사람 보이지 않는다.

모든 것에서, 어쩔 수 없이
인간을 가만히 격리하는
어둠을 모르는 사람은
정녕 현명하다 할 수 없다.

안개 속을 거닐면 참으로 이상하다
살아 있다는 것은 고독하다는 것
사람들은 서로를 알지 못한다
모두가 다 혼자이다.

어둠 속에서 빛을 찾아

　20세기 초, 헤세가 제1차 세계대전의 전운이 감돌 때 쓴 시다.
　세상은 어둡고 삶은 온통 안갯속 같았다. 시인은 사람들 사이도 안개로 가득 채워진 듯 누구든 혼자고 외롭다고 탄식한다. 하지만 그는 이 짙은 안개 속에서 세상의 밝음과 어둠을 두루 찾고 있다. 모든 것으로부터 자신을 갈라놓는 이 어둠을 모르는 자는 누구라도 현명하지 않다고 본다. 세상의 이런 양면은 헤세다운 지혜와 시각이 잘 나타난 작품이다.

헤르만 헤세 (Hermann Hesse, 1877~1962)
　그는 문명에서 벗어나 인간의 본질을 탐구하고자 한 문학가다. '데미안' 등 많은 작품에서 인간의 내면과 자아에 대해 다뤘다. 1946년 '유리알 유희'로 노벨 문학상을 수상했다.

지혜는 시간과 더불어 온다

예이츠

잎은 많지만 뿌리는 하나
내 청춘의 거짓된 허구한 날을
햇빛 속에 잎과 꽃들을 흔들었지만
이제는 진실 속으로 이울어 들리

한 그루 나무에 비유한 인간의 삶

　이 시의 원제는 'The Coming of Wisdom with Time'인데 제목에서부터 이 시의 핵심을 잘 말해 주고 있다. 예이츠의 후기 시에 속하며, 매우 짧고도 간결하게 젊은 날의 어리석음과 나태함을 반추하며, 인간의 지혜란 인생의 오랜 시간을 통해 많은 것을 경험하고 세월이 흐른 뒤에야 비로소 얻게 된다는 것을 노래하고 있다. 그리고 인간을 한 그루 나무에 비유하고 있다.

　잎은 비록 많다 하더라도 그 근본인 뿌리는 단 하나라는 것. 잎이 아무리 많아도 그 잎이 떨어지고 나면 뿌리 하나만 남는다는 의미인데, 이는 또한 아무리 세상에 많은 일이 있다해도 진실은 단 하나뿐임을 강조하고 있다.

　잎과 꽃들이 무성하던 나무들도 때가 되면 떨어져 버리고 뿌리만 남는 것처럼, 인간도 그러한 영고성쇠를 겪게 되고 진실의 길로 들어서야 한다는 교훈적인 의미도 행간에 담겨져 있다.

예이츠 (William Butler Yeats, 1865~1939)

　아일랜드 시인 겸 극작가. 환상적이며 시적인 '캐서린 백작부인'을 비롯하여 몇 편의 뛰어난 극작품을 발표했으며 1923년에는 노벨문학상을 수상하였다. 1891년 아일랜드 문예협회를 창립, 아일랜드 문예부흥운동에 참가했다. 독자적 신화로써 자연(자아)의 세계와 자연 부정(예술)의 세계의 상극을 극복하려 노력했다.

환상

네르발

롯시니, 모차르트, 베버의 음악을 다 준다 해도
내가 바꿀 수 없는 곡조가 있다
그것은 아주 낡고 느리고 구슬픈 것이지만
오로지 나에게만은 숨은 매력을 지녔다.

그런데 우연히 그 곡조를 들을 적마다
내 마음은 200년이나 젊어진다
때는 루이 13세 치하, 나의 눈에 보이는 듯
석양이 노랗게 비치는 굽이치는 푸른 언덕이,

그리고 모서리가 돌로 된 벽돌의 성곽
거기서 불그스레 물든 유리창들
성곽을 둘러싼 광활한 정원, 성 밑을 적시며
꽃 사이를 흐르는 한 줄기 강물

그리고 드높은 창가에 나타난 한 부인
검은 눈에 금발을 하고, 옛 의상을 걸친 이 부인은

어쩌면 전생에서 내가 이미 만났고
그리고 내가 지금 기억하는 그 여인

초현실주의 선구적 시인

　네르발의 시 '환상'은 그의 영원한 이상형이며 수 세기 전 수도원에서 죽은 아드리엔느가 나타난 것을 묘사한다.
　그의 시의 특성은 그가 느낀 환상적이며 초자연적인 체험을 생생하게 기술한 점에 있다. 그에게 꿈은 꿈이 아니라 다른 하나의 생이었고 이 생 가운데 신비로운 세계를 보았다. 이 꿈 속에서 개인의 과거는 인류 전체의 과거와 섞이고 눈에 보이는 세계와 보이지 않는 초현실적 세계 사이에는 일종의 신비로운 조응이 이뤄진다. 그러므로 이러한 세계에서는 지상에서 일어나는 일은 초자연적인 세계에서 일어나는 일의 상징이며 징조가 된다.
　이러한 면에서 그의 시는 훗날 상징주의나 초현실주의의 선구가 됐다. 또한 그가 마음속에서 체험하는 꿈과 환상을 관찰하고 분석해 새로운 세계와 진리에 도달하려던 노력은 그후에도 이어져 많은 시인과 작가들이 그의 생애와 작품을 연구하고 있다.

제라드 드 네르발 (Gerard de Nerval, 1808~1855)
　19세기 프랑스의 시인, 소설가. 프랑스 문학 최초의 상징주의자·초현실주의자에 속하며 꿈을 현실세계와 초자연적 세계 사이의 전달 수단으로 이해했다. 작품으로 '불의 딸' '오렐리아' '환상시집' 등이 있다.

미완성이 정상頂上

이브 본느프와

깨뜨리고 또 깨뜨려야만 했었다
구원은 댓가를 치러야만 이루어졌다

대리석 안에 떠오르는 니체의 얼굴을 찢고
모든 형태 모든 아름다움을 망치로 깨는 일

완성이란 시작인 까닭에 이를 사랑하는 것
허나 알려지면 곧 이를 부정하고
죽으면 곧 이를 잊어버리는 것

미완성이 정상이다

부정의 형이상학

본느프와의 시에 철학적 또는 형이상학적 의미가 담겨 있다는 말은 그의 시에 철학적, 형이상학적 사상이 있다는 것이 아니라 그의 시 자체가 철학이며 형이상학이라는 뜻이다.

다만 그의 철학이나 형이상학이 시적으로 형상화되어 있다는 점이 그의 시의 특징과 가치를 이루고 있다.

그의 시는 심오하며 고뇌에 차 있다. 시의 주제는 무엇보다도 인간의 본질적인 문제, 존재와 무無, 삶과 죽음, 실존과 시간 등의 문제들이다.

그의 중심 사상은 이른바 내적 정신의 변증법이며 현존과 부재, 언어와 침묵 등이 상호 부정을 통해 새로운 긍정으로 이른다는 이를테면 변증법적 논리를 시로써 형상화하고 있다.

이 시에서도 그는 가장 고독한 목소리로 말하면서 부정과 죽음을 통해 존재와 삶에 이른다는 것을 표현하고 있다.

이브 본느프와 (Yves Bonnefoy, 1923~)

프랑스 시인. 1945년 '혁명, 밤'을 공동 창간해 '새로운 객관성'이란 글을 실으며 작품 활동 시작. '두브의 집과 길에 대하여' '사막을 지배하는 어제' '문턱의 현혹 속에서' 등의 시집과 여러 시론집이 있다. 콜레주 드 프랑스의 교수로 선임된 후 대표적인 프랑스 문학계의 거장으로 인정받는다.

벨벳 신발

엘리너 와일리

하얀 눈 속을 걸으리
소리조차 없는 적막 속을
조용하고 평온한 걸음으로
마음 고요히 발을 옮기면
내리는 눈은 하얀 레이스 베일
나는 비단신을 신고 걸으리
그대는 털신을 신으리라
뽀얀 우유빛 같은 하얀 빛깔
갈매기의 가슴털보다
더욱더 아름답구나
우리는 지나가리라
바람 없는 아늑하고 고요한 거리를
우리는 밟고 가리라 흰 털을
은빛 나는 양털을
털실보다 양털보다 부드러운 그 위를
우리는 벨벳 신발을 신고 걸으리
우리가 어디로 가든

고요가 이슬처럼 내리며
저 아래 하얀 정적 위로
우리 함께 눈 맞으며 걸으리

깨지기 쉬운 소녀의 꿈

　와일리는 미국의 여류시인 가운데서도 열정적인 시풍을 지닌 것으로 알려졌다. 이 시는 그의 시풍을 잘 말해주는 시 가운데 하나다.
　이 시에서 나타난 벨벳 신발의 부드러운 느낌과 고요히 내리는 흰 눈의 이미지가 잘 어울려 아름다운 세계를 묘사하고 있다. 부드러운 신발을 신고 고요히 내리는 눈의 베일에 싸여 양털보다 부드러운 눈 위를 같이 걷고 싶다는 시인의 마음을 서정적으로 노래하고 있다.
　'우리는 밟고 가리라 흰 털을'과 '고요가 이슬처럼 내리며'에서 이 시의 분위기는 마치 깨지기 쉬운 소녀의 꿈과 희망이 덧없이 어려있는 느낌을 갖게 한다.
　'하얀 레이스 베일' '하얀 눈' '은빛' '우유빛' '갈매기' '이슬' 같은 말들이 더욱 그러한 느낌을 강조하고 있다.

엘리너 와일리 (Elinor Wylie, 1885~ 1928)
　미국의 여류 시인. 소설가. 형이상학파 시의 영향을 받아 함축적이고 세련되고 정연한 틀과 무한한 상상력을 지닌 작품을 많이 썼다.

불과 얼음

<u>프로스트</u>

어떤 사람은 이 세상이 불로 끝날 거라고 말하고,
또 어떤 사람은 얼음으로 끝난다고 말한다.
내가 맛 본 욕망에 비춰보면
나는 불로 끝난다는 사람들 편을 들고 싶다.
하지만 세상이 두 번 멸망한다면
파괴하는 데는 얼음도
대단한 힘을 갖고 있다고 말하고 싶다.
나는 증오에 대해서도
충분히 알고 있다고 생각한다.
그리고 그렇게 말하는 것으로 충분하다.

상대적이고 이원적인 시적 세계

　인간의 삶을 불과 얼음으로 비유해 표현한 시다.
　불은 인간의 끝없는 욕망과 야심, 갈등과 집착에 속하는 허구의 모든 세계를 암시하는 반면, 얼음은 증오와 냉담 그리고 비정非情에 속하는 모든 것을 암시한다.
　불같은 인간의 욕망이나 얼음같은냉담한 삶은 개개인의 삶을 망치며 인간을 인간답지 못하게 하는 극단적인 것임을 이 시에서 말하고 있다. 이 시는 또한 판단이나 결말 또는 평가를 요구하고 사물이나 대상에 대한 프로스트의 상대적이며 이원적인 시적세계를 잘 형상화하고 있다.
　이처럼 그의 시는 명확한 결말을 제시하기보다는 독자 스스로 생각할 여지를 남기고 있다.

프로스트 (Robert Lee Frost, 1874~1963)
　미국의 시인. 그는 일상적인 언어와 익숙한 리듬, 평범한 생활에서 취한 상징을 사용하여 뉴잉글랜드 지방 생활의 평온함을 표현했다.
　하버드대학 등에서 영문학을 강의했으며, 퓰리처상을 4번 수상했다.

나귀 얼굴

시트웰

나귀 얼굴이
별들의 나귀 젖을 마셨다.
젖빛 타래줄이
하늘 사랑방과 금빛 창살로부터 꺼지면서
콜롬바인을 주려
장옷을 이루었다.
바다의 나귀를 발꿈치에 채어
물줄기마다 멋대로 소리치며
신묘한 모래에 쏴 내리면
그리고 물개들은 수염 여윈 나무 밑마다
바벨의 탑을 쌓노라 지껄인다.
"지금 들리는 것은 카인과 아벨이 또 싸우는 걸까"
그들의 흰 레이스를 두른 집을 망치고
쫓겨난 젖은 별들이 젖을 마시고 취한 나귀의 얼굴

형체도 없는 광채뿐인 꿈의 세계

　찬란한 동화 속으로 초대된 느낌의 시다. 형체도 없는 광채뿐인 꿈속으로 독자를 이끈다. 바다 물결은 괴물로 변하고 거기 응어리는 의미 없는 혼잡을 느낀다.
　시트웰의 기존 시와는 다른 느낌의 시다. 이 시는 현실과 독자 사이를 멀찌감치 갈라놓고는 아예 환상의문 앞에 세워 놓는다. 이처럼 시는 외부에 구체적으로 나타나는 부분과 우리의 내면을 풍요롭게 하는 기능도 있다.
　따라서 시는 현실에 맞서 이를 극복하는 용기와 희망을 우리 독자들에게 주기도 한다.

시트웰 (Edith Sitwell, 1887~1964)
　영국 시인. 시가 지니는 음악성을 중요시했고, 특히 음악적 기교를 강조한 작품을 다수 발표했다. 또 시 낭송을 많이 했다. 시집으로 '광대의 집' 등이 있다.

급행열차

스티븐 스펜더

힘차고 뚜렷한 첫 선언
피스톤의 캄캄한 진술뒤
더 서두르지도 않고 여왕처럼 미끄러져
급행열차는 역을 떠난다.
머리도 수그리지 않고 모르는 척 늠름하게
그는 초라하게 밖에 다가붙은 집들과
가스 공장과 드디어 묘지의 비석으로 인쇄된
음울한 죽음의 끝장을 지나간다.
그 거리 저편엔 망망한 시골이 펼쳐져 있다.
시골 무덤 앞 비석은 더욱 비극성을 돋우고
다시 바다 위 배들의 무게를 갖추며
재즈처럼 구비마다 소리치는 기적의 노래
쇠바퀴의 드높은 노래는 금속의 풍경 속을 지나
행복의 새시대로 뛰어든다.
(이하 생략)

내성적 이미지의 성숙한 시정

  시의 효용은 개인과 사회라는 두 가지 측면에서 나타나는데 역동적인 이미지로 비롯되는 이 시 '급행열차'의 모습은 당당한 그러나 어찌할 수 없는 어쩌면 여성의 교태를 지닌 여왕의 이미지로 이어졌다가 차츰 높아지는 속력을 나타내기 위해 흘러가는집, 공장과 묘지로 다가오는 위기감, 다시 바다 위 기선과의 대조로 시각적인 이미지에서 청각적인 이미지로의 전환, 이런 문명이 빚어내는 금속의 풍경 속에서 느끼는 야성적인 행복은 속력이라는 기이한 율동 속에서 실재實在와 만난다.

스티븐 스펜더 (Stephen Spender, 1909~1995)

  영국 시인. 개인적이고 철학적인 시를 많이 남겼다. 시 작법에 있어서 각운 등에 구애되지 않은 솔직한 시형이 본바탕으로 되어 있다. 주요 저서에는 '전시집全詩集' 등이 있다.

빛

기피우스

말의 빛- 그런게 있을까요?
별의 빛, 구름의 빛, 그런 걸 사랑해왔죠
누군가에게 언어의 빛이 있다면 이렇게 말할래요
한 줄기 언어의 빛을 위해
모든 것을 축복 받은 청성의 빛조차 바치겠다구요

언어의 빛, 오 가엾은 시인이여
그대에게 반복해 말해야만 할까요?
내가 뜻하는 건 '말씀의 빛'이며
이 세상에 다른 빛이 존재하지 않아요

새로운 세계관을 창조하려는 의지

　이 시는 본질과 현상, 물질과 정신, 고차원과 저차원의 리얼리티Reality로 세상을 이분화시켜서 인식하고 있다. 그의 시적詩的 자아는 소리와 빛, 시간과 공간, 삶과 죽음이 사라진 진공 속에 홀로 서 있다.
　하지만 이 모든 것을 뛰어넘어 세계 평화와 새로운 세계관을 창조하려는 의지가 숨어 있다.

기피우스 (Zinaida Nikolaevna Gippius, 1869~1945)
　러시아의 시인·작가. 그의 문학적인 성장에 강한 영향을 끼친 것은 도스토옙스키였다. 1920년 파리 망명 후, 반소反蘇 문필 활동을 했다.

조응

보들레르

자연은 신의 궁전이며 때론 주저리주저리 이야기한다
사람은 상징의 숲을 비껴가고
숲은 낯익은 눈초리로 그를 살핀다
아득히 먼 곳에서 합쳐지는 긴 메아리처럼
밤마냥 대낮마냥 끝없는 통일에서
향기와 빛과 소리는 서로 부르며 화답한다

향기도 어린아이 살결처럼 싱싱하다
삼라만상이 피워져 나타나는
안식의 향기 제단의 향기처럼
정신과 감각을 노래한다

향기와 소리와 색채의 미묘한 조화

　어둡고 긴 통일 속에서 멀리서 들려오는 긴 음향처럼, 어둠과 빛처럼, 끝없는 향기와 소리와 색채의 미묘한 조화를 언어 감각으로 표현한 시다.
　강렬한 색채 감각과 시의 음악성, 절대적인 관념 등을 조합한 이 시의 기교는 난해한 부분도 있지만 이런 상징주의 시의미학적인 묘사 방법과 언어의 조형을 배울수 있다는 점에서 시를 보다 깊이 이해하려는 독자에게 아마도 소중한 비밀을 가르쳐 줄 수 있을 것이다.

보들레르 (CharlesPierre Baudelaire, 1821~1867)
　프랑스 시인. 첫 시집 '악의 꽃Les fleurs du mal'이 출간되어 세계 시단에 큰 영향을 끼쳤다. 그의 시는 상징주의의 시작을 알렸다.

인연

폴 엘뤼아르

그녀는 내 눈시울 위에 있고
그녀의 머리칼은 내 머리칼 속에
그녀는 내 손과 같은 모양
그녀는 내 눈과 같은 빛깔
하늘에 돌멩이 하나처럼
그녀는 내 그림자 속에 잠겨 사라진다

그녀는 언제나 눈을 뜨고 있어
나를 잠 못 이루게 한다
그녀의 꿈은 충만한 빛으로 싸여
태양을 증발시키고
나를 웃게 하고, 울고 웃게 하고
할 말이 없어도 말하게 한다

대상을 직접 마주한 듯한 감각적 이미지, 연인

　시의 이미지에는 시각적, 청각적, 후각적인 이미지 등이 있지만 촉각적인 이미지도 주요한 기능을 한다. 이는 독자로 하여금 마치 독자 자신이 시적인 대상을 느끼는 기분을 갖게 한다.
　이 시는 자신과 하나가 된 연인의 이미지를 '내 눈시울 위에 있고'라고 감각적으로 표현하고 있다. 또 '그녀의 머리칼은 내 머리칼 속에'라든가 '그녀는 내 손과 같은 모양' 등의 표현은 감각적이며 관능적이기까지 하다. 이러한 표현은 초현실주의자인 시인의 대담하고 탁월한 표현이다. 이러한 기법은 시의 매우 고도한 기술이기도 하다.

폴 엘뤼아르 (Paul Eluard, 1895~1952)
　다다이즘 운동에 참여하고 훗날 초현실주의의 대표적 시인으로 활약한 프랑스 시인. 제2차 세계대전 당시에는 레지스탕스 시인으로 활약했다.

석류들

폴 발레리

알맹이의 힘에 겨워
반쯤 입을 벌렸구나
숱한 발견에 파열된
고매한 이마 같구나

흠뻑 받은 햇빛으로 홍옥의 장벽 무너뜨리고
금빛 메마른 껍질마저도
어떤 힘의 욕구에 밀려
과즙의 붉은 구슬 되어 터진다 하면

이 눈부신 파열은
일찍이 내가 지녔던 어느 영혼의
은밀한 구조를 꿈꾸게 하는구나

이미지와 상징이 조화된 주지주의 시

주지주의 시집 '매혹Charms'에 수록된 이 시는 그의 시 가운데에서도 이미지와 상징의 조화가 인상적이다.

이 시의 상징은 익어 벌어진 석류를 빗대 오랫동안 마음속에서 익어가다 드디어 어떠한 신비한 힘에 의해 단단한 벽을 뚫고 나오는 것을 상징한다.

이를 통해 시어가 지닌 소리와 색채의 의미를 독자에게 전달해 이미지와 상징을 은연 중 떠오르게 만든다.

폴 세잔의 정물화를 연상케 하는 작품이다.

폴 발레리 (Paul Valery, 1871~1945)

  20세기 전반 프랑스의 시인 · 비평가 · 사상가. 말라르메의 전통을 확립하고 재건. 주지주의, 상징시의 정점을 이뤘다.
  20세기 전반의 프랑스 주지주의를 대표하는 시인이다.

내 아들에게

캐스 워커

근심 어린 네 눈이 찾고 있구나
네 눈은 컬러 라인에 당황하고 상처 입었구나
네 검은 살갗은 벨벳처럼 부드럽게 빛난다
네게 뭘 말할 수 있으랴만, 내 아들아

하지만 우린 컬러 라인에 당황하고
그들은 폭력을 일삼았던 일들!

이젠, 그보다도 훌륭하고 멋있는 이야길하마
흑인과 백인이 어우러질 때의
그리하여 모두가 형제애로 하나될 때
이걸 네게 말해주려 한다. 내 아들아

캐스 워커

진한 모성애와 모두 하나되는 세상을 희망

워커는 이 시를 쓰게된 동기를 이렇게 설명했다. 그의 아들 데니스가 어릴 적 친구와 놀 때엔 전혀 '컬러 라인'(백인과 흑인을 구분짓는 선)을 느끼지 못했지만 어느 날 만화영화를 보러 극장에 갔을 때 데니스만이 입장이 거부되어 돌아와 슬피 우는 모습을 보고 분노를 터뜨리고 싶은 감정을 가까스로 참으며 아들에게 용기를 불어넣기 위해 쓴 시라고 한다.

이 시는 원주민만이 아니라 백인들에게도 깊은 감동을 준 작품으로 이른바 '통합운동'의 기폭제가 되었다. 워커는 호주 건국이래 가장 추앙받는 시인인 헨리 로슨에 버금가는 훌륭한 시인으로 평가받고 있다.

캐스 워커 (Kath Walker, 1920~1993)

호주의 시인, 인권운동가, 교육자. 호주 원주민의 인권을 위해 평생을 바쳤다. '호주 원주민의 어머니'로 추앙받고 있다.

시카고

샌드버그

다들 네가 잔인하다고 하지만
나는 이렇게 말한다
여자들과 아이들의 얼굴에서
무수한 굶주림의 흔적을 보았다고

나는 나의 이 도시를 비웃는 자들에게
그 비웃음을 돌려보내며 또 이렇게 반문한다

이처럼 고개를 들며
억세고 힘찬 노래를 부르는 곳이 어디에 있느냐고

이 도시엔 연약함과 분명히 대조되는
키 크고 용감한 강타자가 있다

무거운 운명의 짐을 지고
젊음을 자랑하며 웃는다

힘겨운 삶을 거칠고 투박하게 표현

샌드버그는 시카고의 힘과 생명력을 '키 크고 용감한 강타자a tall bold slugger'로 비유하면서 폭력과 굶주림으로 오염된 도시의 범죄와 비참함을 말하고 있다. 그리고 그 밑바닥엔 가난한 서민에 대한 깊은 애정이 깔려 있다. 그는 가난한 사람들의 고통에 가득찬 삶을, 종래의 아름다운 시어 대신에 그들이 쓰는 거친 언어로 표현했다. 그래서 사람들은 그를 '미국의 진정한 시인'이라고 말하기도 한다.

샌드버그 (Carl August Sandburg, 1878~1967)
미국의 시인. 시카고라는 근대도시를 대담하고 솔직하게 다루었으며 부두 노동자나 트럭 운전사들이 쓰는 속어나 비어까지도 시에 도입해 전통적인 시어에 집착하는 사람들에게 충격을 주었다. 퓰리처 상을 3회 수상했다.

당신은 펜, 나는 종이

노발리스

당신은 펜, 나는 종이
모든 것을 받아들이리 나는 하얀 종이
나는 그대의 착한 일을 돕는 사람
백배로 키워 도로 갚으리라

나는 시골, 시골의 거름 땅
그대는 내게 빛, 비의 습기
당신은 하늘 그리고 신사
나는 검은 땅 그리고 하얀 종이

공덕과 보상의 의미

　이 시는 비유와 상징이 매우 함축적이다. 펜과 종이를 통해 삶의 의미와 목적 그리고 가치를 찾으려고 애쓰고 있다. 이를 불교의 관점에서 풀이하면 '공덕'과 그에 따른 '보상'의 '인연'이라 하겠는데 이를 시적으로 적절히 재창조하고 있다.
　그의 시는 한 시대와 그때 살았던 사람들의 증언이며, 인간이 인간임을 포기하지 않으면 시는 시인이 죽은 후에도 영원히 살아남을 수 있는 승리의 노래라고 말하고 있다.

노발리스 (Novalis, 1772~1801)
　독일의 시인, 소설가. 낭만파 시인들과 교류하며 가장 순수하고 내면적인 사색과 죽음을 찬미했다. 시 '밤의 찬가' 미완의 장편소설 '푸른 꽃' 등이 있다.

나는 혼자가 아니다

엘리어트

입술엔 가벼운 과일을 물고
몸은 각양각색의 꽃으로 단장하고
태양의 팔에 안겨 빛나면서
낯익은 새 한마리에
행복해하며
한 방울 빗물에 황홀해 하는
아침 하늘보다
더 아름답고 단아한 그녀

정원을 거닐며 꿈을 꾸지만
나는 분명 사랑을 하나보다.

'행복의 낙원' 향한 동경

　햇빛 따스한 과수원 언저리에 앉아 시인은 어느 여인을 골똘히 생각한다. 그 여인은 사랑하는 사람일수도 있고, 아득히 먼 그리스의 옛 여인의 모습을 상상하고 있는 것인지도 모른다.

　입에는 과일을 머금고 머리에는 각양각색의 꽃을 꽂고 맨발로 춤추며 새를 반기는 그리스 여신을 그리고 있는 것 같기도 하다. 또 '충실'로서의 여신은 현실의 여성으로 바뀌어 가는 것으로도 생각할 수 있다. 그 여인의 힘으로 '정원'은 여성이 되고 꿈 속에서 그 여성은 '행복의 낙원'이 된다. 따라서 시인은 혼자가 아니라고 다짐한다.

　이 작품은 엘리어트가 런던 문단에 데뷔했을 때 소개된 시로 후에 '프루프록 연가'의 모체가 되었다.

엘리어트 (Thomas Stearns Eliot, 1888~1965)

　영국의 시인. 평론가. 극작가. 1922년에 발표한 '황무지'는 20세기 시단의 가장 중요한 작품의 하나로 자리를 굳혔다. 1948년 노벨문학상을 받았다.

노스탤지어의 바다

더럴

바닷물과 파도소리는 내 마음을 빼앗는다.
소용돌이 쳐라 바다여!
뾰족한 솔잎의 소용돌이
너의 큰 소나무들을 튀겨라
우리의 바위 위에
너의 푸르름을 우리들 위에 던져
우리들 숲으로 둘러싸 버리리

이미지의 속성과 작용을 강조

　비록 짧은 시지만 이 시의 이미지는 매우 선명해 해변의 사물을 인상적으로 묘사하고 있다. 그뿐 아니라 시인의 지적이고 정신적인 경험이 뒷받침하고 있다. 이처럼 시의 이미지는 시인의 열정에 의해 독창적인 이미지로 나타난다.
　더럴의 시는 이미지에 시적詩的 효과를 널리 알려 시에 있어서 이미지의 속성이나 작용 등 이미지의 기능적인 면을 강조했다.
　인도 태생인 시인은 런던으로 건너가 클럽에서 피아노 연주도 했다. 따라서 음악이 부여하는 '노스탤지어(여수. 旅愁)'를 지니면서 바다 이미지가 주는 정서와 아울러 뚜렷한 시각적 이미지를 지니면서 음악적인 리듬이 바닥에 깔려 있다.

더럴 (Lawrence George Durrell, 1912~1990)
　영국 소설가 겸 시인. 고전적인 수법으로 지중해의 풍토를 노래한 특이한 시인으로 인정받았다. 대표작으로는 '알렉산드리아 4중주'로 불리는 4부작 대하소설 '주스틴' '발타자르' '마운톨리브' '클레아' 시집으로 '나의 나라' 등이 있다.

나그네여, 보라

오든

나그네여, 보라 이 섬을
뛰노는 햇살에 비쳐 그대를 즐겁게 하는
여기에 움직이지 말고
가만히 서 있으라.
귓속 물길을 따라
바닷소리가 출렁대며
강물처럼 흘러들어오리라.

이 곳 작은 들판 위에 잠시 머물러라.
백악白堊의 층벽을 내리질러 파도가 부서지고,
치솟는 암벽이 밀치고 닥쳐 조수에 항거하는 이곳,
빨아들이는 파도를 따라
조약돌은 엉키고, 갈매기는
잠시 깎을 듯한 물결 위에 날개를 쉰다.

(후략)

풍부한 이미지와 운율 살린 바다의 찬가

　이 시는 제목이 말해 주듯 나그네 앞에 펼쳐진 바다의 정경을 신선한 이미지로 나타낸 오든의 대표작이며 1935년에 출간한 그의 시집 '나그네여, 보라'의 서시序詩다.
　얼핏 보면 즉흥적으로 쓴 시 같지만 바다를 묘사하는 풍부한 이미지가 우리의 눈을 시원하게 한다. '뛰노는 햇살' '귓속 물길' '밀치고 닥쳐 조수에 항거하는' 등 함축적이고 명쾌한 이미지의 묘사는 시각적이고 청각적인 아름다움을 느끼게 한다.
　특히 이 시의 절묘함은 이와 같은 풍정風情을 나그네에게 말하는 형식으로 설정했다는 점이다.

오든 (Wystan Hugh Auden, 1907~1973)
　시인. 영국에서 태어나 미국으로 귀화. 기법적으로 고대 영시풍의 단음절 낱말을 많이 써 조롱이 섞인 경시와 모멸을 덧붙인 독특한 스타일을 만들어 냈다. 주요 저서에는 '시집' '연설자들' 등이 있다.

미라보다리

아폴리네르

미라보 다리 아래 세느 강은 흐르는데
왜 나는 우리의 사랑을 기억해야 하나
기쁨은 아픔 끝에 오곤 했는데

밤이여 오라 종이여 울려라
세월은 가고 나만 여기에 남아

손에 손을 잡고서 얼굴을 마주 보자.
우리 두 팔이 놓은 다리 아래로
영원한 눈빛의 나른한 물결이 지나간다

밤이여 오라 종이여 울려라
세월은 가고 나만 여기에 남아

흐르는 강물처럼 사랑은 흘러간다.
사랑은 지나간다.
삶이 느리듯이 희망이 강렬하듯이

밤이여 오라 종이여 울려라,
세월은 가고 나만 여기에 남아

(후략)

잃어버린 사랑에 대한 회한

이 시는 잃어버린 사랑에 대한 회한의 노래다.

강물이 흘러가고 세월이 지나가고 사랑마저 떠나가 버린 이른바 '유동流動'의 시다. 이러한 내용의 시는 자유롭고 아련한 문체로 더욱 돋보이게 한다.

'밤이여 오라Vienne la nuit'로 시작하는 후렴구의 반복은 거리의 악사가 아코디언으로 연주하는 샹송을 연상시켜 더욱 애처롭게 느껴진다.

아폴리네르 (Guillaume Apollinaire, 1880~1918)

　이탈리아 로마 출생. 프랑스의 시인. 소설가. 20세기의 새로운 예술창조자의 한 사람이다. 모더니즘 계열 예술 전반에 큰 영향을 끼쳤다.

그리운 바다

메이스필드

내 다시 바다로 가리라 그 외로운 바다와 하늘로
내가 원하는 건 오직 돛대 높은 배 한 척 길을 안내해 주는 별 하나
그리고 물을 밀어내는 키바퀴와 바람의 노래, 펄럭이는 새하얀 돛
물 위에 어린 뽀얀 안개와 동트는 새벽이면 그 뿐

내 다시 바다로 가리라 달리는 물결이 나를 부르는 소리
거역하지 못할 분명하고 거친 소리
내가 원하는 건 바람 세차고 흰 구름 떠 있는 날
튀는 물보라, 날려가는 물거품, 울어대는 갈매기

내 다시 바다로 가리라 정처 없이 떠도는 집시처럼
바람이 칼날 같은 갈매기의 길로, 고래 헤엄치는 곳으로
내가 원하는 건 쾌활하게 웃어대는 친구들의 즐겁고 끝없는 이야기
고요한 잠과 달콤한 꿈만 있으면 그만이다

생생하게 그린 바다의 찬가

 이 시는 그의 시집 '바다 조수의 민요Saltwater Ballads'에 수록된 것으로 그의 시 가운데 가장 사랑 받는 걸작이다. 바다 풍경을 생생하게 노래하고 있어 무더위 속에서 바다를 몹시 그리워하는 간절함으로 가득하다.
 열다섯 살 때부터 선원으로서 세계 여러 나라를 여행하며 느꼈던 것을 담담하게 써내려간 작품으로 많은 사람들에게 애송되고 있다.

메이스필드 (John Edward Masefield, 1878~1967)

 영국 시인. 시집 '바다 조수의 민요'(1902)로 인정을 받기 시작했으며 대표작인 서사시 '여우 레이나르드'를 발표했다. 알기 쉬운 운문으로 바다와 이국의 정서, 사회적 관심이 넘치는 그의 시는 한동안 많은 독자들을 매료시켰다. 1930년 계관시인이 되었다.

푸른 줄기 속으로 꽃을 모는 힘은

D. 토머스

푸른 줄기 속으로 꽃을 모는 힘은
푸른 젊음을 몰고 뿌리를 시들게 하는 힘
나의 파괴자다
비틀린 장미에게도 말 못하고
내 청춘도 또한 같은 겨울 열병에 시드느니

바위 틈새로 물을 모는 힘은
나의 붉은 피를 모는 힘 시냇물을 말리는 힘은
내 피를 밀랍처럼 굳게 한다
내 혈관에 말 못해
산山 샘물에 같은 입이 빨고 있다

웅덩이 물을 휘젓는 손이
모래를 움직이고, 부는 바람을 잡는 손이
내 수의의 돛을 끌어당긴다
나는 교수형수絞首刑囚에게 말 못한다
형리의 석회는 나의 흙으로 만들어진 것을

시간의 입술에 샘머리에 거미처럼 빨아 댄다.
사랑은 뚝뚝 흘러 모인다, 그러나 떨어진 피가
그녀의 상처를 달래리라.
나는 부는 바람에 말 못한다
별들 주변에 시간이 천국을 새겼다고

나는 애인의 무덤에 말 못한다
내 침상에도 같은 병충이 기고 있다고

감각적 이미지와 열광적 리듬

 언어의 기능을 최대로 구사하여 감각적 이미지와 열광적인 리듬으로 쓴 시다. 각 연마다 자연과 인간의 관계를 잘 비유하고 있다. 인간과 자연은 같은 힘의 지배 아래 놓여 있으므로 자연을 생성하고 파괴하는 힘에 의해 인간은 성장하다가 끝내는 죽는다는 것을 시로 잘 나타내고 있다.

D. 토머스 (Dylan Marlais Thomas, 1914~1953)

 1930년대를 대표하는 영국 시인. 첫 시집 '18편의 시'로 젊은 천재시인으로 인정받아 폭발적인 인기를 모았다.

장엄

홉킨스

화염 되어 터져라, 흔들리는 금속 조각 광채처럼
진하게 뭉친다. 짓눌려 새어 나오는
기름 줄기. 사람들은 왜 권위에 무관심해
몇 세대를 두고 짓밟혀 왔다 짓밟혀 왔다
모두 생업으로 마비되고 고달픈 일로 흐려지나니
인간의 때, 냄새를 풍길 뿐, 땅은 숲이 헐벗겨가고
발 냄새 나는 신발 때문에 느끼지 못하는가

하지만 자연은 결코 탕진되지 않는다
만물 속 맑고 고귀한 신선함이 맥맥이 흐른다
어둠 속 빛이 사라져도 인간은 동쪽에서 솟아
찬란하고 포근한 나래로 품어 안으리니

어둠에서 빛으로 나아가는 '장엄함'

'장엄(원제:Grandeur)'이라는 제목처럼 우리가 사는 이곳은 고뇌로 가득하다. 홉킨스의 시는 참신한 비유와 독특한 리듬, 압축된 표현 등으로 현대 시인들에게 많은 영향을 미쳤다.

첫째 연의 '때, 냄새, 발냄새 나는 신발'과 둘째 연의 '만물 속 맑고 고귀한 신선함'이 대조되고 있으며 이미지의 경우에도 '화염'과 '찬란하고 포근한 나래'로 표현되어 대조되고 있다.

이 시는 처음엔 강렬하고, 어둡고, 절망적인 분위기로 시작해 둘째 연에 접어들면서 신선하고, 희망적이고, 온화한 분위기로 마무리하며 '장엄'함을 재확인한다.

홉킨스 (Gerard Manley Hopkins, 1844~1889)

영국의 시인. 옥스퍼드를 졸업하고 더블린대학교 그리스어 교수를 지냈다. 독창적으로 '도약률'이라는 운율법을 이용, 두운을 많이 써서 이미지와 암유의 복잡한 구성을 시도, 의미의 강력한 집중을 나타냈다. 사후에 그의 시를 묶은 '홉킨스 시집'이 출간되었고 '도이칠란트호의 난파'가 유명하다.

어떤 영혼들은

로르카

어떤 영혼들은
푸른 별을 지녔다.
시간의 갈피에
끼워놓은 아침을
꿈과 향수의
옛 도란거림이 있는
그 청초한 구석에

또 다른 영혼들은
뜨거운 몽환으로 괴롭다
벌레 먹은 과일
어둠의 물줄기처럼
불타버린 목소리의 울림,
슬픔이 없는 기억들
입맞춤의 부스러기들

내 영혼은 어두운 채
오래 익은 후
불가사의하게 시든다,
열정의 환각에 침식된
작은 돌들은
내 생각의 물 위에 떨어진다.

(후략)

불가사의한 '영혼'과 '창조력'

이 시는 '열정의 환상'을 '벌레 먹은 과일' 또는 '불타버린 목소리의 울림' '입맞춤의 부스러기' 등을 미각, 청각, 후각 등의 다양한 감각으로 탁월하게 이미지를 표현하고 있다.

지적이거나 논리적인 표현을 넘어선 시적인 이미지는 아련한 울림이고 '슬픔이 없는 기억들'이다. 이것은 로르카의 '혼'이고 '창조의 힘'이다.

로르카  (Federico Garcia Lorca, 1898~1936)

스페인 태생 시인, 극작가. 22세에 첫 시집을 발간한 이후 왕성한 활동을 했다. 1936년 스페인 내란이 발생한 직후 민족주의자들에게 암살당했다. 주요 작품으로 시집 '집시 시집' '시의 책', 희곡 '피의 혼례' '예르마' '베르나르다 알바의 집' 등이 있다.

물고기들

무어

마치 상한 부채처럼 물이랑을 굳게 싸는 새로 태어나는 조개삿갓
열었다 닫았다 하니 거기에 숨기가 어렵다

햇볕이 유리실처럼 갈라져 바위 틈새로 들어가고
청옥빛 바다를 비추고 쇠 언저리에 핑크빛으로 빛난다

겉에 나타난 학대의 표시가 이 도전적 구조물에 나타나고
그 틈새로 불탄 자국 도끼 자국이 있다

바다는 계속 젊음을 되살리지 못해 죽어버렸다
바다는 그 속에서 늙어만 간다

역설적인 바다의 생리

　이 시는 바다가 보여주는 생명력과 그 긍정의 장면들을 은유하고 있다. 그 바다는 살아 움직이는 바다, 창조적인 바다로 표현되고 있다.
　그러나 둘째 연부터는 그와는 반대로 파괴적이고 부정적인 면을 보여준다. 즉 이 시는 생명(삶)과 죽음을 동시에 지닌 바다의특징을 보여준다.
　바다는 스스로 끊임없이 파괴되지만 그 파괴로 말미암아 다시 생명을 얻는 불멸의 존재임을 나타내고 있다.
　동시에 바다는 모순되고 역설적인 속성에서 그 깊이를 더해간다는 것도 보여준다. 영문으로 된 원시에서는 각 연의 첫 행을 'wade' 'fan' 'sun' 'pink' 등 한 단어로 표현하며 독특한 운율구조를 보여주고 있다.

무어 (Marianne Craig Moore, 1887~1972)
　미국 세이트루이스 출신의 시인. 그의 시는 명확한 이미지를 나타내고, 섬세하면서도 냉정하여 잘 억제되어 있고, 기지와 역설이 풍부하다.
　주요 저서에는 '선시집' '전시집'(1951년 퓰리처상 수상) 등이 있다.

지하철역에서

파운드

유령마냥 나타나는 이 얼굴들 군중 속에서,
까맣게 젖은 나뭇가지 그 위의 꽃잎들.

적확한 시어 찾아 압축의 미 구현

 지극히 간단한 이 시는 상징파 시인으로서 파운드의 역량을 잘 보여준다. 농축된 첨예한 감각을 지니고 순수하게 언어 예술로 추구한 이 시는 그 표현에 있어서도 암시와 비유, 패러디가 절묘하게 어우러져 있다.
 T. S. 엘리엇은 그의 시집 '황무지' 첫 페이지에 "보다 더 정교한 예술가 에즈라 파운드를 위하여"라는 헌사를 남길 정도로 그의 감각은 매우 뛰어나다. 그는 시 속에서 시어를 정확하고 적절하게 구사하고 있다.
 지하철역에서 느낀 순간의 인상, 다시 말하면 지하철역의 컴컴하고 축축한 분위기 속에서 만나는 여러 얼굴들을 강렬한 이미지로 표현한 걸작이다.
 파운드는 이 시를 1년 남짓 만에 가까스로 완성했다고 한다. 이렇게 짧은 시를 다듬기 위해 적확한 시어를 찾아 얼마나 고심했는지 짐작할 수 있다.
 첫 행의 '유령'은 혼령이란 뜻이지만 '홀연히 나타난'이란 뜻도 된다. 즉 지하철역에 내렸을 때 군중crowd의 얼굴이 시인의 눈에 비친 모습을 설명하고 있다.
 다음 행에서는 시인의 주관에 들어온 여러 얼굴을 의외의 이미지로 선명하게 바꾸기 위해 '나뭇가지 위의 꽃잎'에 비유하고 있다.

꽃잎의 배경을 '까맣게 젖은 나뭇가지'로 내세움으로써 지하철역의 어두운 분위기를 암시하고 있으며 꽃잎과 검은 가지를 대립시켜 아름다움을 부각하고 있다.

짧은 시지만 순간에 나타난 인상의 단면을 이처럼 선명하게 나타낸 작품도 드물다.

에즈라 파운드 (Ezra Loomis Pound, 1885~1972)
미국의 시인, 비평가. T. S. 엘리엇, 제임스 조이스 등과 교류하며 고전과 현대 영어를 융합한 새로운 시풍을 낳았다. 20세기 영미시에 끼친 지대한 영향 때문에 '시인의 시인'으로 불린다.

바람만이 아는 대답

밥 딜런

사람은 얼마나 많은 길을 걸어 봐야
진정한 인생을 깨닫게 될까?
그렇다. 흰비둘기는 얼마나 많은 바다 위를 날아야
백사장에 편히 쉴 수 있을까?
그렇다. 전쟁의 포화가 얼마나 많이 휩쓸고 나서야
영원한 평화가 찾아오게 될까
친구여, 그건 바람만이 알고 있어
바람만이 그 답을 알고 있다네

얼마나 긴 세월이 흘러야
산이 씻겨서 바다로 내려갈까?
그렇다. 얼마나 긴 세월이 흘러야
사람들은 진정한 자유를 얻을 수 있을까?
그렇다. 언제까지 고개를 돌리고
모르는 척할 수 있을까?
친구여, 그건 바람만이 알고 있어
바람만이 그 답을 알고 있다네

얼마나 많이 올려다보아야
진짜 하늘을 볼 수 있을까?
그렇다. 얼마나 많은 귀가 있어야
사람들의 울음소리를 들을 수 있을까?
그렇다. 얼마나 많은 사람들이 희생되어야
무고한 사람들의 죽음을 깨달을 수 있을까?
친구여, 그건 바람만이 알고 있어
바람만이 그 답을 알고 있다네

간절한 평화의 메시지

    2016년 노벨문학상 수상자로 선정된 미국의 포크 가수 밥 딜런의 대표적인 시로 그는 이 시에 곡을 붙여 노래했다. 기존의 관례를 깨고 대중 가수에게 주어진 최초의 노벨문학상이다.

    스웨덴 왕립 한림원 노벨상 위원회는 '비록 전통적인 문학 형식에는 맞지 않지만'이라고 전제하고 한림원 사무총장은 '밥 딜런은 귀를 위한 시를 쓴다'고 표현했다.

    밥 딜런은 각 행마다 "그렇다Yes"라고 시작해 "사람이면 사람인가, 사람다워야 사람"일 수 있음을 힘주어 외치고 있다. 그리고 매 행마다 물음표를 붙여 그 해답을 바람결에 날리곤 하지만, 그에 대한 진정한 해답은 바람 속에 있다고 말한다. 평화의 메시지를 깊이 있게 다룬 작품이다.

밥 딜런 (Bob Dylan, 1941~)

    미국의 대중음악 가수 · 작사가 · 작곡가. 1963년 앨범 'The Freewheelin' Bob Dylan'(1963)의 성공으로 당시 활발했던 사회적 저항 운동의 상징적인 음악가가 되었다.

    베트남 전쟁 때에는 반전운동을 펼치기도 했다. 딜런은 2016년 노벨문학상 수상자로 선정, 긴 침묵 끝에 "영광스러운 상에 정말 감사하다"며 수락했다.

메아리

로르카

새벽꽃이 어느덧
자기를
열었다
(기억하는가
오후의 깊이를?)

달의 감송甘松이 내뿜는다
그 차가운 냄새를
(기억하는가
8월의 긴 눈짓을!)

함축적이고 감칠맛 나는 시

 이 시에서 오후는 '새벽꽃'의 메아리다. 누구나 겪는 흔한 하루의 오후가 새벽꽃으로 인해 '깊은 오후'가 된다. 다시 말하면 그 새벽꽃 때문에 하루의 오후가 깊어진다는 의미다.
 온갖 꽃은 바로 시간의 깊이인 것이고, 우리 인간이 생명이나 우주의 경이로움과 불가사의를 표현하는 단어인 '신비'의 실체를 시인은 모색하고 있다. 곧 꽃이 메아리를 타고 어느덧 오후의 길이 숲으로 비상한다. 함축적이고 감칠맛 나는 작품이다.

로르카 (Federico Garcia Lorca, 1899~1936)
 스페인의 시인 · 극작가. 시집 '노래의 책' '집시 가집'으로 시인으로서의 명성을 확고히 했다. 극작가로서도 활동하며 '피의 혼례' 등의 작품을 남겼다.

겨울이 온다

라포르그

녹슨 굳은 물체를 침공한다
그 녹은 수십 길 되는 우울증으로
대로의 전선줄을 침식한다

음색을 바꿔가는 뿔나팔 소리는
북풍에 실려 사라져간다

이젠 겨울, 그리고 이 못난 지구
남풍이여, 시간이 짜놓은 덧신의 실을
이제 줄줄이 풀어다오 오, 혹독한 겨울이다
난 소리 높여 겨울의 소리를 알리련다

라포르그

파격적이고 이질적인 이미지

　이 시는 라포르그가 죽은 뒤 출판된 시집 '최후의 시'에 수록된 작품이다. 그의 시들 가운데 가장 애송되고 있다. 겨울이 주는 암울함을 강력하고도 파격적인 언어와 '오딧세이'에 나오는 '덧신의 실' 등 이질적인 이미지를 연결하여 독특한 효과를 내면서 특이한 모티브와 의성법을 구사하며 친밀하고 생기있는 분위기를 이루어 내고 있다.

라포르그 (Jules Laforgue, 1860~1887)
　19세기 후반 프랑스의 상징주의 시인으로 아폴리네르 등 근대시운동의 선구가 되었다. 시집은 '애가哀歌' '최후의 시' 등이 있다. 권태와 고독감 및 염세주의에 풍자를 가미, 독특한 자유시를 창조했다. 파격적인 자유시를 많이 썼다.

스스로 구하는 새로운 삶

비에른손

또 하루가 밝았다
어김없는 하루의 되풀이인데도
오늘은 새해라고 한다
애꿎게도 또 한살을 먹는데 새해를 축복한다.
행복은 지니기 어려운 행복의 무지개다
세월의 바퀴를 타고 새로운 한 해를 맞이하는데
바닷가엔 낮은 목소리로 흰 물결이 울고 웃고
달맞이꽃에 나비가 숨죽여 자고 있으니
아! 나의 푸른 영혼, 무슨 빛으로 물들일까
행복은 주어지지 않고 스스로 구하는 것이다
그리고 새로운 환생을 기원해 본다

새해를 맞아 새로운 탄생을 시각적으로 표현

　새해를 맞는 영혼의 빛깔과 환생의 꿈을 시인은 절묘한 은유로 노래한다. 행복을 추구하며 사는 평범한 노래지만 그 심층에 뿌리내린 시인의 가치관은 예사롭지 않다.
　바닷가의 흰 물결과 노란 달맞이꽃 그 속에 숨어서 자고 있는 작은 나비의 비유는 이채롭다. 곧 물이랑의 흰 빛깔과 달맞이꽃의 노란 빛이 영혼의 푸른색과 어우러지고 있다.
　영혼은 푸른빛이고 그 영혼에 깃든 환생물은 낮은 목소리로 읊으며 흰 물결과 나비의 시각적인 대비가 이채롭다.

비에른손 (Bjørnson Martinius Bjørnstjerne, 1832~1910)

　노르웨이의 극작가, 소설가, 시인. 초기에는 북유럽의 전설과 자신의 유년기 시골생활을 소재로 한 '행운아' 등의 소설과 희곡을 썼으며 후기에는 사회주의적 사실주의 경향을 띠며 '파산'과 같은 작품을 썼다. 1903년에는 노벨문학상을 수상했다.

눈 내리는 밤 숲가에 멈춰서서

프로스트

이게 누구의 숲인지 나는 알 것도 같다.
하기야 그의 집은 마을에 있지만
눈 덮인 그의 숲을 보느라고
내가 여기 멈춰서 있는 걸 그는 모를 것이다.

내 조랑말은 농가 하나 안 보이는 곳에
일 년 중 가장 어두운 밤
숲과 얼어붙은 호수 사이에
이렇게 멈춰서 있는 걸 이상히 여길 것이다.

무슨 착오라도 일으킨 게 아니냐는 듯
말은 목 방울을 흔들어 본다.
방울 소리 외에는 솔솔 부는 바람과
솜처럼 부드럽게 눈 내리는 소리뿐.

숲은 어둡고 깊고 아름답다.
그러나 나는 지켜야 할 약속이 있다.
잠자기 전에 몇십 리를 더 가야 한다.
잠자기 전에 몇십 리를 더 가야 한다.

서정적이고 신비로운 여운 담은 시

　미국 뉴잉글랜드의 풍경을 담담하게 표현한 서정적이고 신비로운 여운을 담고 있는 시다. 담담한 리리시즘(lyricism, 예술적 표현의 서정성)의 작품이다.
　그의 시는 도시인들이 흔히 느끼는 긴장, 불안 같은 각박한 정서와는 다른 시골의 미적 긴장감을 주기때문에 독자로 하여금 정서적인 여유와 지혜를 느낄 수 있다.
　마지막 연은 우리를 더 없이 경건하게 해주는 아름답고 도덕적인 감성을 불러 일으키는 절창이다.

프로스트 (Robert Lee Frost, 1874~1963)
　미국의 시인. 농장 생활의 경험을 살려 소박한 농민과 자연을 노래해 현대 미국 시인 중 가장 순수한 고전적 시인으로 꼽힌다. 퓰리처상을 4회 수상했다.

빙산들

앙리 미쇼

난간도 울타리도 없는 빙산에
늙고 지친 가마우지들과
막 죽은 수부들의 망령들이 찾아와
북극의 마법과 같은 밤에 팔꿈치를 괸다
빙산, 빙산, 영원한 겨울의 종교 없는 성당들
행성 지구의 얼음 모자를 쓴.
추위에서 태어난 너의 기슭은
얼마나 고귀하고 순결한가
빙산, 빙산, 북대서양의 등
아무도 바라보지 않는 바다 위에 얼어붙은 장엄한 불상佛像
죽음의 번쩍이는 출구 없는 등대
침묵의 절규는 수백년 동안 이어진다
빙산, 빙산, 부족한 것 없이 홀로 있는
막히고 멀고 벌레 없는 나라.
섬들의 가족이고 샘들의 가족인
너희들이 내게는 얼마나 친숙한지

새해를 맞아 새로운 탄생을 시각적으로 표현

제한된 세계의 한계에서 벗어나 '어딘가 다른 곳ailleurs'에 대한 동경을 나타낸 시다.

이 작품에서 표현하고 있는 빙산icebergs도 바로 그 다른 곳에 대한 그리움과 가고자 하는 욕구를 피리 불듯 읊조리고 있다.

미쇼는 시를 한낱 장식품이나 심미적인 목적으로만 표현하려고 하지 않았다. 그에게 있어 시는 그 나름의 존재의 문제이며 인간 혁명을 위한 하나의 실제적인 행위였다.

앙리 미쇼 (Henry Michaux,1899~1984)

20세기 중반 프랑스의 시인·화가. 1924년 경부터 무의식에 관한 시를 썼다.

신비주의와 광기의 교차점에 서는 독자적 시경을 개척, 현대 프랑스 시의 대표적 시인의 하나로 지목된다. 저서는 '에콰도르' '아시아의 한 야만인' '비참한 기적' 등이다.

구르는 돌처럼

밥 딜런

예전에는 멋진 옷을 입고
으스대며 부랑자에게 푼돈이나 집어 주었지,
사람들은 너에게 말했지. "아가씨, 추락하는 걸 조심해"라고
그들이 농담하고 있다고 생각한 너는
떠돌이들을
비웃곤 했지
하지만 이젠 말도 제대로 못하고
당당해 보이지도 않는구나
다음 끼니를 찾아 헤매야 하다니.

기분이 어때
기분이 어때
집 없이 사는 것이
알아주는 사람 없이
구르는 돌처럼 사는 것이
(후략)

밥 딜런 175

행복 찾아 떠나는 머나먼 길

올해 노벨문학상 수상자인 밥 딜런의 노래 가사는 미국의 고등학교와 대학의 교과서에 실릴 정도로 그 문학적 가치를 인정받고 있다.

이 시(노래)의 '너'로 지칭되고 있는 이는 '미스 론리'(Miss Lonely, 고독한 여자)로 명문 학교출신이지만 학교에서는 정작 인성교육을 제대로 받지 못했다. 그렇게 제멋대로의 삶을 살다 지금은 어려운 처지가 되어 노숙하는 삶에도 익숙하게 되었다. 나락으로 떨어지는 아픔과 배고픔의 의미도 깨달았다. 그리고 자신에게 무엇이 필요한지 베푸는 삶, 함께하는 삶의 의미도 깨닫는다. 이윽고 그녀는 이제까지 행복과 평화를 위해 머나먼 길을 걸어왔지만 더 먼 길을 가야 한다고 자각한다.

밥 딜런 (Bob Dylan, 1941~)

미국의 대중음악 가수·작사가·작곡가. 그의 노래는 공민권운동 등에서 불리면서 운동의 상징적 존재가 되었다. 노래 가사는 세계평화와 공존의 메시지를 담고 있다. 2016년 노벨문학상 수상.

말린체

에스키벨

테노치티트란Tinochiticran은 억울했다
분노했고 이를 악물었다
한때의 길잡이 노릇을 후회했다
말린체는 울부짖었다
복수극은 애처롭게 끝장났다
하지만 어쩌면 진실이었을까?
그랬는지도 모를 일이다

라틴아메리카의 아픈 역사를 시로 표현

　에스파니아 원정대가 아즈테카의 수도 테노치티트란을 침공했을 때 에스파니아의 정복자 코르테스의 길잡이 노릇을 한 여인이다. 코르테스가 찬란한 아즈텍 문명을 파괴하도록 도운 여인 말린체는 라틴아메리카에서는 배신자로 낙인 찍힌 사람으로 알려져 있다.

　에스키벨은 라틴아메리카의 가슴 아픈 과거사를 말린체의 이야기를 통해 시로 재탄생시켰다. 에스키벨은 정복자 코르테스와 그의 통역관이자 연인이었던 말린체의 비극적 사랑과 역사를 다룬 동명의 장편소설로도 널리 알려져 있다.

에스키벨 (Laura Esquivel, 1950~)
　멕시코의 소설가 · 시인. 1989년에 발표한 첫 번째 소설 '달콤 쌉싸름한 초콜릿'은 20여 개국에 출판되어 5백만 부이상 판매되었다. '현대 라틴아메리카 문학의 여왕'이라 불리며 지금도 고대 아즈텍문명을 시 · 소설 등으로 표현하고 있다.

나무들의 목소리

마르셀 베알뤼

수줍으나 힘센 나무들은
밤마다 높은 목소리로 말하지만
그들의 언어는 너무나 단순하여
새들도 두려워하지 않는다

주검들이 재가 된 입술을 움직이는
묘지 옆에는
연분홍 송이로 피어난 봄이
처녀같이 웃고 있다

그리고 숲은 때때로 옛사랑에
붙들린 가슴처럼
창살을 흔들면서
긴 소리를 내지른다

나무를 위한 판타지

　이 시는 나무의 환상에 관한 풍경화다. 대지에 발 묶인 나무는 한스럽고 서글프다. 높은 목소리로 말하지만 아무도 이해하지 못한다.
　봄이 되어 입술을 움직이고 장미꽃 송이가 되어 처녀처럼 웃고 있는 때가 오면 이제 나무들은 더 이상 참을수가없어 이따금 창살을 흔들며 소리 지른다.
　그들이 찾는 해방과 자유는 무엇인가. 잊으려해도 잊을 수 없는 옛 이름처럼 붙잡고 놓지 않는 대지에서의 해방이며 만물이 움직이고 변화하는 자연 가운데 움직이지 않는 영원으로부터의 자유이며 행복이다.

마르셀 베알뤼 (Marcel Bealu, 1908~1993)
　프랑스 시인. 20세기 중반을 풍미한 환상적 모더니즘의 대표적 시인 가운데 하나다. 그는 현실세계에서 완전히 벗어나 환상적이고 경이적인 세계를 사실적으로 그렸다. 대표작으로는 '살아 있는 심장' '밤의 경험' '물거미' 등이 있다.

선경

백거이

눈앞에 있는 모습이
모두 영원하지도 진실하지도 않음을
먼저 깨달아야 하느니
잡념 여념 없는 곳에서
살 수만 있다면
넉넉한 여유를 즐기리니

정작 진실을 가름하면 일시에
무엇이든 잘 깨닫게 되느니

본디 일체가 공무空無한데
꿈같은 이야기로 말하려하네
헛된 꽃에서 무슨 열매를 구하리오

제악막작중선봉행의 어려움 일깨우다

　시인 백거이는 어느날 진망산에 사는 도림선사를 찾았다. 백거이가 산에 올라가 한참 찾다가 가까스로 소나무 가지 끝에 있는 그를 발견했다. "선사님, 위험해 보입니다" 하고 백거이가 말하자 선사는 이렇게 대답했다.
　"그대가 더 위태로워 보이는구려."
　"소생은 안전한 대지 위에 있는데 어찌하여 위험하다 하십니까?"
　"마음의 불꽃이 옮겨붙어 활활 타오르고 있고 의식이 흐트러져 날뛰니 어찌 위험하지 않으리오."
　그 무렵 백거이는 정계에서 여러 모함으로 괴로워하고 있었다.
　도림선사는 "큰 강도 한 방울의 물에서 비롯되오. 악행을 하지 말고 선을 행하시오"라며 "삼척동자도 다 아는 것이지만 팔십세 늙은이도 그걸 행하기는 어렵다오"라고 말했다.

백거이 (白居易, 772~846)

　중국 당나라의 시인. 자는 낙천樂天, 호는 취음선생, 향산거사. 그의 생존시에 이미 그의 시는 민중 속에 파고들어, 소치는 아이나 말몰이꾼들의 입에까지 오르내리고, 배나 절의 기둥이나 벽에 써붙여지기도 하였으며, 멀리 외국에까지 영향을 미쳤다. 주요 작품으로는 '장한가' '비파행' 등이 있다.

＊제악막작중선봉행: 모든 악행을 하지 말고 여러 선함을 받들어 행하라. 도림선사가 진리를 묻는 백거이에게 답한 말로 평범함 속에 진리가 있음을 말함.

어둠 속 지빠귀

토머스 하디

서리가 유령처럼 회색빛으로 깔리고,
겨울의 잔재들이 맥없는 태양을
더욱 쓸쓸하게 할 때,
나는 사립문에 기댔다.
부서진 악기의 현처럼 얽힌 덩굴나무 줄기가
하늘의 도화지를 장식하고
근처에 자주 오던 사람들도
집안의 벽난로를 떠나지 않았다.

대지의 뚜렷한 모습은
나자빠진 한 세기의 시체 같고
그의 무덤은 구름 낀 천개天蓋
바람은 그의 장송곡이로다
발아와 생성의 유구한 맥박은
수축해 메말라 버리고,
지상의 활기는
나처럼 맥이 없구나.

그때 머리 위의 앙상한 가지에서
가슴 벅찬
환희의 송가가
끝없이 쏟아졌다.
연약하고 조그만 늙은 지빠귀 한 마리,
강풍에 깃털이 헝클어진 채,
다가오는 어둠에 자신의 넋을 쏟아내기로 작정하였나 보다.

이토록 황홀한 음성의
송가를 부른 까닭을
주변의 지상에선
전혀 찾을 수 없었기에,
그의 행복한 이별의 노래 속엔
어떤 축복의 희망이
가늘게 떨리고 있음일까,
그는 알지만 내가 모르는 어떤 희망이.

봄을 기다리는 행복의 선율

 19세기의 마지막 날인 1900년 12월 31일에 쓰여진 이 시는 힘겹게 추운 겨울을 견디며 머지않아 찾아올 희망과 소생의 봄을 찬미하는 송가형식의 작품이다.
 시인은 노래하는 지빠귀를 통해 아직은 알 수 없지만 아픔을 견디고 이겨내면 행복의 노래를 부를 수 있을 거라고 믿고 있다. 늙고 수척한 어둠 속의 지빠귀는 19세기 마지막 날 곧 소멸할 지상에 속하나, 동시에 황홀하고 복된 희망의 노래를 통해 여전히 하디가 이상향을 갈망하고 있음을 보여준다.

토머스 하디 (Thomas Hardy, 1840~1928)
 19세기 영국의 소설가 · 시인 · 극작가. 대표작은 '귀향' '테스' '미천한 사람 주드' 등이 있다. 19세기 말 영국 사회의 인습, 편협한 종교인의 태도 등을 용감하게 공격했다.

종려나무

셰니에

사람들은 산다. 비열하게 산다. 어찌해야 하는가?
그럴 수밖에 없는 것을
비열한 자들도 먹고 자야 하니까.
이 울타리 속에서, 우리들이 죽음 앞에 풀을 뜯고
단두대의 작두가 우리들을 제비뽑는 이곳에서도
사랑 편지를 쓴다.

(중략)

갑자기 쇠돌찌귀 위에 문 여는 소리가 삐걱거린다.
우리들의 호랑이 판사 나리들의
징발관이 나타난다. 오늘 단두대 칼이 부르는 밥은 누구일까?
모두 부들부들 떨며 귀를 기울인다.
그러고는 아직 자기 차례가 아닌 것을 알고 기뻐한다.

사막에 솟은 위대한 종려나무 같은 시인

　이 시Iambes는 감옥에서 쓴 셰니에의 유고遺稿 가운데 한 편이다. 파리 콩코드 광장에서 그는 32세의 나이에 단두대의 이슬로 사라졌다.

　혁명가였던 그를 시인으로 아는 사람은 없었다. 그의 사후 25년이 지난 1819년에야 유고가 시집으로 출간되자 사막같은 문단에 위대한 종려나무 같은 시인으로 추앙받았다. 단두대의 칼날에 죽음을 맞을 순서를 기다리는 사형수들의 모습을 적나라하게 그리고 있다. 혁명의 초지初志를 끝까지 잃지 않았다. 수감 중 '젊은 여죄수'라는 편지 형식의 시도 남겼다.

앙드레 셰니에 (André de Chénier, 1762~1794)
　18세기 프랑스의 서정시인. 로베스피에르의 공포정치에 반대, 32세에 처형되었다. 낭만파, 고답파 시인들이 선구자라 여겼다. 대표작은 '헤르메스신' '목가' '풍자 시집' 등이 있다.

피아노

로렌스

부드럽게어둑한데서 한 여인이 나에게 노래하며
다시 나를 세월의 뒤안길로 데려가 어느새 한 아이가
눈에 들어온다 현들이 붕붕 요란하게 울리는 피아노 아래 앉아
노래하며 미소짓는 엄마의 오므린 작은 발을 꼭꼭 누르는 모습

나도 모르게 마음을 파고드는 노래의 마력에
무심코 옛 추억 떠올라 내 가슴이 절로 눈물짓는다
한겨울 집안 아늑한 거실에서 맑은 피아노 소리에
맞추어 노래를 부르곤 했던 옛날 일요일 저녁이 그리워

그리고 지금 가수가 커다랗고 까만 피아노를 열정적으로
두드리며 아무리 아우성쳐봐야 헛일. 어린 시절의
마력이 나를 사로잡아 나의 성년이 속절없이 기억의
물결에 빠져 떠내려가고 나는 그 옛날 그리워 아이처럼 우나니

피아노 선율에 실려온 어린 시절 추억

  이 시에서는 추억을 떠올리며 노래하고, 작은 발을 꼭꼭 누르며, 지난날의 기억을 일깨우는 소리가 선명하게 묘사되어 있다. 아련한 추억의 멜로디는 역설적으로 '열정적appassionato'으로 바뀌며 이윽고 차분하고 매끄럽게 마무리한다. 화자話者는 어린 시절의 추억을 연주한 피아노 연주자를 통해 어린 아이로 돌아가려 하지만 그리움에 사무쳐 눈물 흘린다.

로렌스 (David Herbert Lawrence, 1885~1930)

  영국 소설가, 시인 겸 비평가. 주요 작품으로, 소설 '채털리 부인의 사랑' '아들과 연인' '피아노' '사랑에 빠진 여인' 등이 있다.

변주

사베드라

아늑한 숲 속에 자라는 흔들림
그 눈 속에서 나의 세계가 있다.

잠시라도 나를 쉬게 해다오
그대 눈은 이 지상의 온상溫床

그대의 영롱한 눈망울 속에 살고파
그 눈망울은 상냥한 밤처럼 부드럽다

지상의 검은 지평선을 따라
단 한 걸음만에 떠오르는
하늘의 별무리이고 싶다
하지만 끝내 눈 속에 나의 세계를 묻는다

틀에 얽매이지 않고 변화를 추구하다

사베드라는 스페인의 급진적인 자유주의자로 사형선고를 받고 1823년 '두케 데 리바스'(Duque de Rivas, 리바스의 공작)라는 필명으로 프랑스에 망명했으나 뒤늦게 사면되어 귀국한 후에 화사한 낭만주의의 꽃을 피우기에 이른다.

상상과 정서를 중요시하는 경향이 교훈과 계몽을 중시하는 방향으로 바뀌면서 엄밀한 의미에서 스페인 근대문학의 개화기를 열었다.

그의 시는 흔들림 속에서도 이성을 배제하고 '영롱한 눈망울' 속에 늘 살고 싶어 하면서도 정의(情意)를 존중하고 항상 변화를 추구했다. 그의 시는 스페인 가요풍을 즐겨 쓴 변주곡이다.

사베드라 (Angel de Saavedra, 1791~1869)
스페인의 작가, 시인, 극작가이자 정치가이다. '두케 데 리바스'(Duque de Rivas, 리바스의 공작)라는 필명과 함께 그의 대표작인 낭만적 희곡 '돈 알바로, 운명의 힘'(1835)으로 더욱 잘 알려져 있다.

윤회

그르니에

우리 모두를 휩쓸어버리는 것이라면
고행의 전념이라기 보다는
우주적 유희에 빠져들어
외관을 건드리고 그저 흐르는
이는 엄연한 자연의 이치다

모든 것은 하나다
그러므로 이는 존재의 겉모습이 아닌 환영幻影
그것은 영혼의 무수한 증거다

생멸에 대한 깊은 되새김

그르니에는 알제, 나폴리, 몽펠리에, 릴, 알렉산드리아, 카이로, 파리 등지를 떠돌며 방랑의 철학교수 생활을 보내고 인도 윤회 사상에 매료됐다.

시인은 행위의 굴레에서 해방되어 인류의 구원자인 '보살 Bodhisattva'이 되기 위해 정진해야 한다며 윤회와 생멸에 대한 의미를 되새긴다. 다른 한편으로는 자신과 여느 존재들의 가장 깊은 심연에서 발견된 존재를 믿는 것에서 찾아야 한다고 노래한다. 그는 만물은 하나의 삶에서 또 다른 삶으로 옮겨가고 있다고 믿고 있다.

그르니에는 알제의 교사 시절 까뮈의 스승으로 실존주의의 관심사를 공유했지만 실존주의를 비롯한 당대의 철학 운동과 비판적 거리를 유지했고, 전통 형이상학 안에서 인간의 한계와 무한자無限者를 사유한 철학자였다.

그르니에 (Jean Grenier, 1898~1971)

프랑스의 철학자, 작가. 1928년부터 1968년까지 40년간 알제, 파리 등에서 철학과 미학을 가르쳤다. 알제에서는 젊은 시절의 알베르 카뮈의 스승으로 그에게 큰 영향을 끼쳤다. 존재에 대한 기쁨과 절망을 보다 간결하고 깨끗한 문체로 쓴 그의 작품은 시사성示唆性이 풍부하여 독자에게 사색을 요구하고 있다. 1968년 프랑스 정부가 수여하는 문학대상을 받았다. 대표작으로는 '사력砂礫의 물가' '섬' 등이 있다.

고엽

자크 프레베르

오, 기억해주오
우리가 연인이었던 그 행복했던 날들을
그 시절 삶은 아름다웠고
태양은 오늘보다 뜨겁게 타올랐다네
죽은 잎들은 하염없이 쌓이고
너도 알리라, 내가 잊지 못하는 걸
죽은 잎들은 하염없이 쌓이고
추억도 회한도 그렇게 쌓여만 가네
북쪽에서 불어오는 바람은 그 모든 것을 싣고 가느니
망각의 춥고 추운 밤의 저편으로
너도 알리라, 내가 잊지 못하는 걸
그 노래, 네가 내게 불러주던 그 노래를
그 노래는 우리를 닮은 노래였네
너는 나를 사랑했고 나는 너를 사랑했지
우리 둘은 언제나 함께인 둘로 살았었다
나를 사랑했던 너, 너를 사랑했던 나
하지만 인생은 사랑했던 두 사람을 갈라놓는 법

너무나 부드럽게, 아무 소리조차 내지 않고서
그리고 바다는 모래 위를 지우지
하나였던 연인들의 발자국들을

자크 프레베르

일상의 언어로 그린 서정 넘치는 묘사

  이 시는 쉬운 일상의 언어들을 절묘하게 구사해 독특한 분위기를 만든다. 또 이 시는 이브 몽탕의 샹송으로도 잘 알려져 있다. 프레베르는 무정부주의자와도 같은 환상적인 초현실주의자였지만 주마등 같은 그의 삶을 무지개 같은 환상으로 그리고 있다. 그런 면에서 이 시는 소박하면서도 충격적이다.

자크 프레베르 (Jacques-Henri-Marie Pr?vert, 1900~1977)
  초현실주의 작가 그룹에 속해 활약한 프랑스 시인.
  초기의 시에는 초현실주의의 흔적이 엿보이며 샹송풍의 후기 작품에는 풍자와 소박한 인간애가 평이하고 친근감 있는 풍이 특징이다. '말Parole' 등의 시집이 있다.

길 나그네

로세티

먹구름 가르고
아침이 밝아온다

나라가 온통 먹구름이지만
그래도 희망 하나 걸어본다
새날이 와도 어두운 세상
썰물 이는 성난 바닷가
그래도 길 나그네는 꿈 노래 불러본다

미소 하나쯤 감추어 두었다가
어두워지는 날이면
예쁜 슬픔 하나
온 세상 누볐던 나그네 삶 속
숨겨두었던 이 가슴을
활짝 열어 보인다

우주로의 길을 따라

　난데없이 눈이 내린다. 삭막한 사막 속의 오아시스 소복한 흰 눈으로 덮인 동굴의 외경畏敬은 내 세포에 활짝 열렸다. 웅대한 산허리는 장엄한 대우주의 빛을 새하얗게 감싸안고 있다. 인류 역사 위에 홀로 우뚝하다.
　나그네는 평화와 공생, 배려와 협력을 일깨운다. 내가 온몸으로 받아들인 것은 절대적인 것이다. 거짓과 사리사욕을 초월하는 것, 지상地上의 것보다 저승의 것, 우주의 것, 인간과 자연이 하나가 되고자 하는 그런 마음가짐이다.

로세티 (Christina Georgina Rossetti, 1830~1894)
　영국의 시인. 그녀의 작품은 세련된 시어, 확실한 운율법, 온아溫雅한 정감이 만들어내는 시경 등으로 신비하고 종교적인 분위기를 자아냈다.

소녀들에게의 충고

로버트 헤릭

소녀들이여,
너희들이 할 수 있는 한 장미꽃을 모아라
추억은 끊임없이 날아가리라
지금 미소 짓는 이 꽃도
머지않아 죽으리라

하늘의 램프 태양이
높이 솟으면 솟을수록
그만큼 더 빨리 황혼에 더 가까와지리라

젊음과 피가 한결 뜨거웠던
그 시절이 가장 좋고
그때가 지나가면 더 나빠지고,
가장 나쁜 시절이 잇따르리니
그러니 수줍어 말고, 젊음을 만끽하라
청춘을 한번 잃게 되면
영원히 너희는 기다려야 하리니

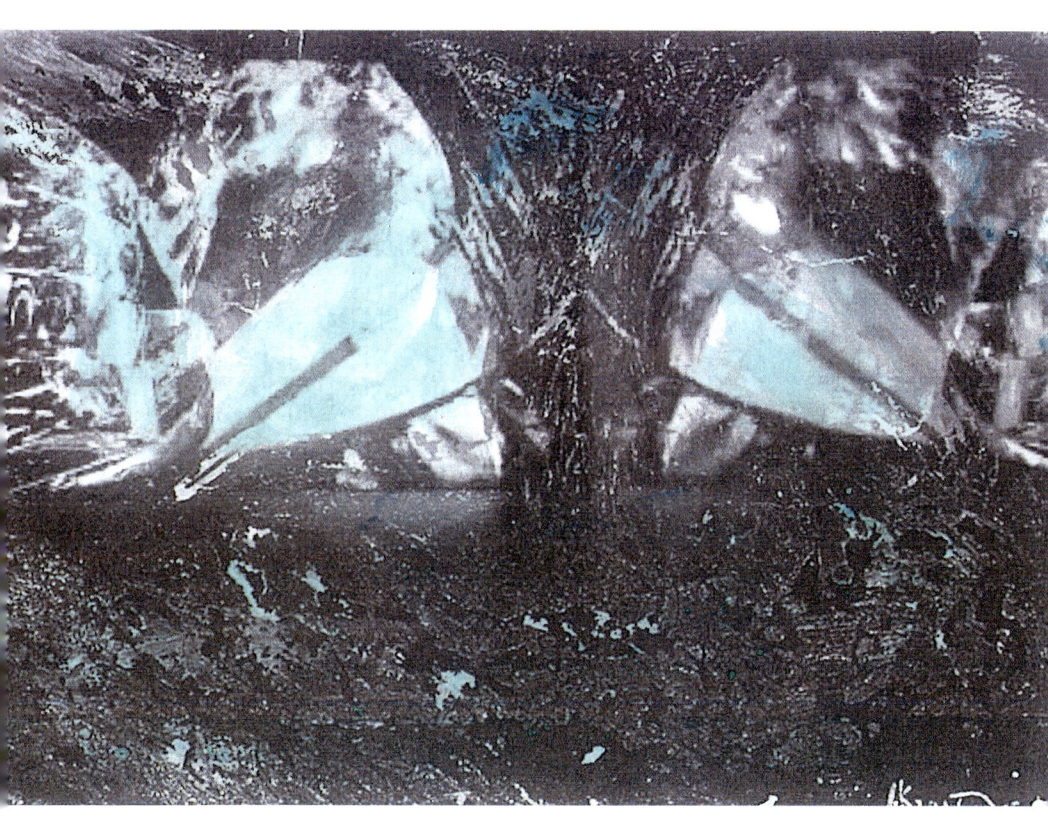

후회 없는, 좌절하지 않는 삶

　헤릭은 소녀들에게 장미꽃을 모으라고 충고한다. 결코 좌절하지 말고 끊임없이 싸워서 견디고 이겨내라고 격려를 아끼지 않는다.
　마치 동화의 세계를 그려내듯 고즈넉한 분위기로 충만해 있다. 후회 없이 살아가라고 소녀들에게 희망을 지니라고 끝까지 격려한다.

로버트 헤릭 (Robert Herrick, 1591~1674)
　영국의 시인. 런던 태생. 벤 존슨의 시풍을 계승하여 격조를 갖춘 목가적 서정시를 발표, 신변의 가련한 것들의 아름다움을 정교하게 묘사했다. 시집으로는 '헤스페리데스Hesperides' 등이 있다.

빛은 어디에

실로네

눈이 부시게 시리도록 하늘이
나뭇가지마다 걸쳐 있었다
바람은 침묵하며 풀잎을 밟고 찾아와
이제 이름도 가물가물
시간도 온데간데 몰라 하염없다

어디서 오는 빛이 이리와 덮이는가
헤픈 나날의 언저리를 돌고 돌아
겨울 속의 빛처럼 조용히 덮어쓴
이 빛깔은 어디서부터 오는 것일까

화자의 지각이 바뀌는 상징시

이 시는 시적 대상인 '빛'이 매우 관념적으로 담겨 있다. 시에 담긴 시구詩句 하나하나의 의미는 바로 시적 화자話者의 추측 속에 내포돼 있다. 시인의 심정은 아마도 새벽녘에 다가오는 어떤 영혼을 노래하고 있는 듯하다. 화자의 하나의 지각이 바뀌고 있는 상황을 보여주고 있는 것인지도 모른다.

실로네 (Ignazio Silone, 1900~1978)

본명 트란퀼리Secondo Tranquilli. 이탈리아의 농민문학 작가, 소설가, 시인. 이탈리아공산당의 창립에 참가하여 파시스트 정권 아래 지하운동을 지도, 1928년 망명했다. 소설 '폰타마라Fontamara' 등으로 구미에서 명성을 떨치고 미국문학에 영향을 끼쳤다. 국제펜클럽 회장을 역임했다.

표범 – 파리의 식물원에서

릴케

수없이 지나가는 창살에 지쳐
그의 눈엔 아무것도 보이지 않는다.
그에겐 마치 수천의 창살만이 있고
그 수천의 창살 뒤엔 아무런 세계도 없는 듯하다.

아주 조그만 원을 만들며 움직이는
사뿐한 듯 나직하면서도 힘찬 발걸음은
커다란 의지가 마비되어 서 있는
중심을 따라 도는 힘의 춤과도 같다.

가끔씩 눈꺼풀이 소리 없이 열리면
형상 하나가 안으로 들어가,
긴장한 사지四肢의 정적을 뚫고 들어가
그리고 심장 속에서 덧없이 사라진다.

현실 이상의 현실을 절묘하게 그리다

　이 시는 릴케의 신新시집 별권에 수록된 '사물시事物詩'다. 동물원 창살 안에 꼼짝없이 갇혀 있는 표범이 무의식적으로 눈을 뜨면 외계의 영상이 눈으로 들어와 의식의 한가운데로 향하지만 그것이 의식화되어 머무르는 일은 없다.
　어느 날 로댕을 만난 릴케는 로댕의 삶과 작품에 깊은 감동을 받는다. 스스로 독립한 하나의 완전한 존재로서 넓은 의미에서의 시공을 초월한 어느 절대적 공간 속에 놓고 선 현실 이상의 현실을 느끼곤 한다.

릴케 (Rainer Maria Rilke, 1875~1926)

　보헤미아(현 체코) 프라하 출생. 1902년 8월 파리로 가서 조각가 로댕의 비서가 되어 한집에 기거하면서 로댕 예술의 진수를 접하게 된 것이 그의 예술에 커다란 영향을 주었다. 주요 작품으로는 '신시집' '형상시집' '말테의 수기' 등이 있다.

가을 노래

베를렌

가을날
바이올린의
긴 흐느낌.
단조로운 우울로
내 마음 쓰라려

종 소리 울리면
숨막히고
창백히
옛날을 추억하며
눈물짓노라

그리하여 나는 간다
모진 바람이
날 휘몰아치는 대로
이리저리
마치 낙엽처럼

소리와 이미지로 묘사한 가을 정경

　베를렌의 시 가운데 가장 널리 알려진 작품이다. 첫째 연은 실제로 바이올린 소리가 들리는 것이 아니라 가을날의 쓸쓸함이 마치 바이올린 소리처럼 들린다는 의미다.
　이 시는 솔직하고 천진한 자연의 소리로 언뜻 읽다보면 마치 샹송 같은 느낌을 준다.
　이 시의 내용과 더불어 음악성까지 어우러져 애수에 젖은 가을의 정경과 지난날을 회상하는 시인의 아픔과 절망을 소리와 이미지로 절묘하게 묘사하고 있다.

베를렌 (Paul Marie Verlaine, 1844~1896)
　19세기 프랑스 상징파 시인. 낭만파나 고답파에서 탈피, 음악을 중시하고, 다채로운 기교를 구사했다. 1894년 시왕詩王으로 선출, 세기말 대표 대시인으로 숭앙되었다. 저서는 '좋은 노래' '말없는 연가' '예지' 등이 있다.

산의 만남

무리 바사

무르익은 이삭의 무게로 말미암아
꾸부정한 허수아비를 등에 업은 채
한 소녀가 산등성이를 오른다
어리디 어린 송아지 눈망울 마냥
그 눈빛을 꽃들처럼 미소를 머금으며
소년과 소녀가 서로를 쳐다보고 있다

그들의 손은 수줍고 민망한 듯
다소곳이 십자로에서 서로를 마주치더니
쏟아지는 폭포도 쓰다듬고 얼싸안네
산길 따라 흥겨운 노래 부르며
그 사랑을 곱게 키우리니
열매 키우며 감정을 토해내고 있네

무리 바사

육중한 산과의 만남

　이 시는 눈이 부시도록 벅찬 산과의 만남을 감격 넘친 벵갈의 리듬으로 노래하고 있다.
　시에서 소년과 소녀의 풋풋한 사랑과 산길과 허수아비, 폭포 등의 아기자기함과 산의 묵직한 무게감이 상호 대비되어 더욱 감동적이다.

무리 바사 (Muri Basa, 1603~1675)

인도벵갈 지방의 선구적인 시인으로 석가모니의 생애를 비유적으로 시화詩化하였다.
그는 '인도의 길'이라는 젊은 취향의 시들을 많이 발표했다. 대표작으로는 '사쿤탈라'가 있다.

새로운 춤사위

가즈오 이시구로

덩실덩실 춤을 추는 너에게서
나는 쏜살같이 다가오는 새로운 세계를 보았다.
거칠고 어설픈 세상이었다.

어린 소녀는 지난날의 세월
그 숱한 세월을 가슴 깊이 안고 있었다.
이를 가볍게 보지 말라고 속삭였다.

실제로 생각이나 행동대로는 아니었지만
그 상황을 나름대로 생각해봤다.
결코 잊을 수 없는 일이었다.

늘 신선한 경이로움

　이시구로는 자연의 모습을 통해 그만의 몽환적이고도 독특한 시각에서 인간과 문명을 비판하고 있다. 자연의 세계는 그에게 있어 늘 경이의 대상이었고 여느 작가보다 훨씬 광대한 세계 속에 살았다. 빛과 색채의 세계는 그에게 있어 늘 신선한 놀라움과 신비한 '아키타입(Archetype, 원형)'이었다. 우주의 춤사위에 맞춘 일본 특유의 영원한 원형이기도 했다.

가즈오 이시구로 (Kazuo Ishiguro, 1954~)

　일본계 영국 작가. 나가사키에서 태어나 1960년 영국으로 이주했다. 그는 인간과 문명에 대한 비판을 표현한 작품들로 현대 영미권 문학을 이끌어 가는 작가 중 한 사람으로 평가받고 있다. 영미문화권에서 다수의 상을 받아 그 문학적 가치를 인정받았고, 2017년 노벨문학상을 수상했다.

가을 밤

루쉰

두 그루의 나무가 서 있다
대추나무, 그리고 또 하나의 대추나무다
윗쪽은 이상하리만큼 높다
마치 인간세상을 떠나 있어 보인다

뭇 별들이 차가운 눈마냥 깜박이고 있다
그 입 언저리에 엷은 웃음이 드러났다
된서리를 뜰 안의 분홍꽃 위에 뿌린다

그 꽃은 내겐 어떤 의미를 지니고 있다
그 꽃은 밤 공기 속에서
몸을 움츠리며 꿈을 꾸고 있다
봄이 오는 것을 꿈꾸고
가을이 오는 것도 꿈꾼다

나는 불을 붙이며 연기를 뿜어내며
들불을 바라보고 비취처럼 푸르게
지붕 위 영웅들을 위하여 가을 밤 향불을 피운다

가을 밤, 민초의 희망을 노래하다

　대추나무는 잎도 없고 열매도 다 따갔지만 높이 뻗어 서 있는 그 모습은 작가가 느끼기에 당당하게 하늘을 찌르는 모습이다. 가진 것이라곤 아무것도 없는 대추나무지만, 높은 곳에서 인간 세상을 내려다본다. 작가가 이상적으로 생각하는 것이 바로 이 대추나무 같은 기상이다.
　분홍꽃은 이 세상에서 가슴 펴고 살아갈 수 없는, 움츠린 채 있는 존재다. 하지만 꿈을 꾸고 있다. 즉, 어려운 상황에서도 희망을 품고 있는 평범한 민중이라고 할 수 있다.
　마지막 연의 영웅은 정치가도 혁명가도 아니다. 미약하고 힘도 없지만 뭔가 해보겠다는 민중들을 의미한다. 시인은 향불을 피우며 영웅들을 응원하고 있다.

루쉰 (魯迅, 1881~1936)

중국의 문학가 겸 사상가. 일본 유학 후 새로운 서양문물에 눈을 떴다. 그의 문학과 사상에는 모든 허위를 거부하는 정신과 언어의 공전空轉이 없는, 어디까지나 현실에 뿌리 박은 강인한 사고가 뚜렷이 부각되어 있다. 특히 시집 '야초野草'는 섬세한 감각과 상상력으로 중국 근대문학의 새로운 지평을 열었다. 대표작으로 '아큐정전阿Q正傳' 등이 있다.

과테말라 소녀

시에라

날개의 그늘 밑에서
화분花紛에 묻은 이야기를 들려 드리리
과테말라 소녀
그 사랑에 죽어간 소녀의 이야기를

백합 가지가 뒤덮인 곳에
목초와 재스민으로 장식된 그곳에
소녀는 묻혀 있다
그녀는 비단으로 덮인 관 속에 누워 있다
무정한 이에게 드린 징표는
향기 그윽한 비단 주머니
소녀는 사랑 때문에 목숨을 끊었다
무덤엔 마을 사람들이 줄을 이었고
손에 든 것은 꽃뿐이었다

소녀의 애틋한 사랑이야기

사랑 때문에 죽은 소녀의 이야기를 담담히 시로 풀어낸 작품이다.

먼저 시인은 첫째 연에서 꽃가루(화분)에 묻은 이야기라고 말한다. 옛부터 내려오는 이야기를 '화분'이라는 매개체를 통해 은유적으로 말하고 있다.

'백합' '재스민' '향기 그윽한 비단주머니' 등의 표현으로 소녀의 이루지못한 사랑을 후각적으로 묘사하고 있다. 특히 '향기 그윽한 비단 주머니'를 그녀가 사랑하는 이에게 선물했지만, 그 사랑은 결실을 맺지 못하고 소녀의 죽음으로 비극적으로 끝난다.

마을 사람들은 소녀의 죽음을 애석해 하지만 결국 그녀에게 줄 거라고는 무덤 앞에 놓아줄 꽃 한 송이뿐이었다.

시에라 (Gregorio Martinez Sierra, 1881~1948)

20세기 스페인의 극작가, 시인. '자장가' '영웅의 아내' 등의 희곡이 있고 특히 '사랑은 마술사'는 발레로 유명하다. 그는 섬세하며 서정적이고 감상적인 작품을 다수 발표하였다.

나이팅게일에게 부치는 노래

존 키츠

오랜 세월 깊은 땅 속에 냉각되어
꽃의 여신, 시골의 푸른 초원,
춤, 프로방스의 노래와 햇볕에 익은 환희
오, 감미로운 포도주를 한 모금 들이켰으면!
오, 따뜻한 프랑스 남부의 정기가 가득 찬,
진짜 진홍의 히포크린 영천靈泉으로 가득 찬,
염주 알 같은 거품이 잔가에 반짝이는
주둥이가 자줏빛으로 물든
그러한 술잔을 한잔 들이켰으면!
그리하여 술을 마셔 이 세상을 살며시 빠져나가
그대와 함께 어슴푸레한 숲 속으로 사라져 버렸으면

멀리 사라져, 녹아져, 아주 잊어버렸으면,
그대가 잎새 사이에서 결코 알 수 없는 것들을,
이곳 세상의 피로, 열병, 초조를,
여기 세상 사람들은 앉아 서로의 신음 소리를 듣고
중풍 환자가 몇 가닥 남은 슬픈 마지막 백발을 떨고 있는 이곳,

젊은이는 창백해지고, 유령처럼 여위어 끝내 죽음을 맞이하는 곳,
생각은 온통 슬픔과 거슴츠레한 절망으로 가득 차고,
아름다운 여인이 내일을 넘어 광택이 나는 눈을 간직할 수 없고,
혹은 새로운 사랑이 오랫동안 그 눈을 그리워 할 수 없는 이곳.

존 키츠

다채로운 시적 체험으로 형상화된 이미지

　이 시는 존 키츠의 장편시 '나이팅게일에게 부치는 노래' 중 일부분으로 시인의 상상력이 몽상에서 비롯하고 있음을 알 수 있다.
　그 상상의 성격은 쾌락의 이미지로 나타나고 있다. 마침내 키이츠는 몽상에서 벗어나 새로운 상상의 세계로 가기 위해 지상에 뿌리내린 다채로운 시적 체험으로 형상화되고 있다.
　대표적으로 이 시에서 나이팅게일의 노래는 유한한 인생을 능가하는 무한한 예술을 상징한다. 그러한 상징으로써 히포크린 영천으로 가득 찬 술이라는 표현을 예로 들 수 있다. 여기에서 히포크린은 시인이 어린 시절 탐닉한 그리스·로마신화 속의 히포크레네 샘을 말한다. 뮤즈 여신들은 자주 천상 올림포스에 올라가 그 아름다운 노래로 신들의 잔치 자리에 흥을 돋우었는데, 예술의 여신인 뮤즈들이 노래 경합을 할 때 천마 페가수스가 대지를 걷어차자 히포크레네 샘이 솟아났다고 한다. 이 물을 마시면 영묘한 시상이 저절로 떠오른다고 하여 많은 시인들에게 예술적 영감을 상징하는 소재로 사용되었다.

존 키츠 (John Keats, 1795~1821)

　'나이팅게일에게 부치는 노래' '가을에' 등 영국의 시단에서 빼놓을 수 없는 명작들을 쓴 영국 시인. 그리스·로마신화의 영향을 많이 받았으며, 영국문학사상에 주옥 같은 일련의 송시頌詩를 잇달아 발표했다.

내가 만일 애타는 한 가슴을

디킨슨

내가 만일 애타는 한 가슴을 달랠 수 있다면,
내 삶은 정녕코 헛되지 않으리.
내가 만일 한 생명의 고통을 덜어 주거나
또는 괴로움을 달래거나
또는 할딱거리는 로빈새 한 마리를 도와서
보금자리로 돌아가게 해 줄 수 있다면
내 삶은 정녕코 헛되지 않으리.

감성을 이미지로 표현하다

　디킨슨은 자신의 감정이 이끄는 대로 문법이나 수사법, 운율 등을 무시한 채 사랑과 죽음 그리고 영원을 단시短詩 형식으로 읊었다. 간결하고 윤곽이 명료한 시풍, 대담하고 독창적인 이미지는 그후 이미지즘의 선구를 달리며 T.S.엘리어트 등의 시에 큰 영향을 미쳤고 시대를 초월해 널리 각인되고 있다.
　그녀의 시는 운율에서나 문법에서나 파격적인 데가 있었기 때문에 19세기에서는 인정을 받지 못했으나, 20세기에 들어와서 이미지즘이나 형이상학적인 시의 유행과 더불어 높이 평가받게 되었다.

디킨슨 (Emily Dickinson, 1830~1886)
　미국의 여성 시인. 청교도 가정에서 태어나 자연과 사랑, 청교도주의에 기반한 죽음과 영원 등의 주제를 많이 다루었다. 그의 사후에 '전시집' '전서간집'이 출간되었다.

고요로움

R. 데멜

침묵이 두 사람 사이에 내려온다
눈 감은 너의 눈은 게슴츠레하다
잠시나마 누워 쉬게 해다오

옷자락 너머 하얀 네 어깨
언어에는 황금의 버무림이 있다
하지만 충만한 네 마음은
침묵으로 감미롭고 부드럽다

그날 밤 영혼을 이어주는 것은 한 올의 실타래
그칠줄 모르는 버무림 속에
감미로운 죽음이 떠오르는 침묵
고뇌에 찬 시간이 내 곁에 있다

부드러운 등불이 타오른다
장밋빛 영혼은 향기롭다

아, 돌아갈 곳을 재촉한다
밤이 새기 전에 가슴을 지그시 감싸고
고뇌 하나 없이 가야 하오
더할 나위 없는 황홀 속에
고요히 조용하게 더욱 고요히!

R. 데멜

상징성 짙은 재구성의 시풍詩風

새하얀 어깨는 내 지평선의 모두라고 본 그는 사랑이라는 이름으로 인간은 숱한 상황을 다시 불러 일으키고 가장 영웅적으로 스스로를 바치고, 또한 사랑으로 불리워지는 이 단순하고도 복잡한 것은 고요로움이다.

시야말로 사랑의 언어 그 자체인지도 모른다. 시란 언제나 흩어진 파편을 하나의 전체로 되돌아가게 하는 마음인지도 모른다.

데멜 (Richard Dehmel, 1863~1920)

독일의 서정시인. 사회주의적인 경향을 띠는 자연주의 시인이다. 에로스의 힘을 주제로 하여 본능과 이성理性의 갈등, 인간성을 높여 우주의 비밀에 이르게 하는 사랑을 분방하게 노래하였다. 주요 저서로 구제》(1891), 《그래도 사랑은》(1893) 등이 있다.

해질 무렵

빅토르 위고

해가 지면서 해가 졌다
아마도 내일은 폭풍우가 불것이다
그리고 일몰속에 밤이 이슥해졌다
동이 트며 해가 솟아오르고
시야를 감싼 안개가 뽀얗다

그런 날들이 모두 지나가 버리리라
숱한 바다의 그 많은 산들의 위를
은빛 큰 강물 위를
우거진 숲들 위를
수많은 나날이 흘렀으니
우리들의 사랑하고 죽은 자들과 더불어
깊은 수풀을 헤치고 찬가가 울린다.

수채화 같은 필치와 웅혼한 창작력

　위고는 마치 수채화 같은 우거진 숲을 즐겨 그렸다. 그것은 굽이 돌아흐르는 거대한 강줄기였다. 그 큰 강물은 창작력이 얼마나 왕성하게 흘러 넘쳤는가를 짐작케하고도 남음이 있다.

　샤토브리앙으로부터 인정을 받은 후 위고는 '샤토브리앙이 되느냐 아니면 무無가 되느냐' 하고 그의 시 수첩에 적을 만큼 꿈이 웅대했다. 그리고 그는 프랑스 낭만주의의 위대한 작가가 되었다.

빅토르 위고 (1802~1885, Victor-Marie Hugo)

　프랑스의 낭만파 시인, 소설가 겸 극작가. 낭만주의자들이 '세나클(클럽)'을 이루었다. 소설에는 불후의 걸작으로 꼽히고 있는 《노트르담 드 파리》가 있다. 그가 죽자 국민적인 대시인으로 추앙되어 국장으로 장례가 치러지고 판테온에 묻혔다.

세계의 명시
그 이해와 감상

인 쇄	2018년 7월 20일
발 행	2018년 7월 25일

엮 은 이	전규태
발 행 인	서정환
발 행 처	신아출판사
주 소	서울시 종로구 삼일대로32길 36 운현신화타워 305호
전 화	(02) 3635-3885
팩 스	(063) 274-3131
이 메 일	sina321@hanmail.net
출판등록	제465-1984-000004호
인쇄·제본	신아출판사

저작권자 ⓒ 2018, 전규태
이 책의 저작권은 저자에게 있습니다. 서면에 의한 저자의 허락없이 내용의
일부를 인용하거나 발췌하는 것을 금합니다.
COPYRIGHT ⓒ 2018, by Jeon Gyutae
All rights reserved including the rights of reproduction in whole or
in part in any form.
저자와 협의하여 인지는 생략합니다.

이 도서의 국립중앙도서관 출판시도서목록(CIP)은 서지정보유통지원시스템 홈페이지
(http://seoji.nl.go.kr)와 국가자료공동목록시스템(http://www.nl.go.kr/kolisnet)에서
이용하실 수 있습니다.(CIP제어번호:2018020082)

잘못된 책은 바꿔 드립니다.

ISBN 979-11-5605-538-9 03800
값 10,000원

Printed in KOREA